明湖诗潮

尼山书院创新文旅融合发展路径与实践

王 斌 著

济南出版社

图书在版编目（CIP）数据

明湖诗旅：尼山书院创新文旅融合发展路径与实践 /
王斌著 . —— 济南：济南出版社，2024. 8. —— ISBN 978-
7-5488-6729-6

Ⅰ . K928.952.1

中国国家版本馆 CIP 数据核字第 2024TN7957 号

明湖诗旅：尼山书院创新文旅融合发展路径与实践
MINGHU SHILV NISHAN SHUYUAN CHUANGXIN WENLV
RONGHE FAZHAN LUJING YU SHIJIAN

王斌 著

出 版 人 谢金岭
责任编辑 朱 琦 代莹莹
责任校对 于 畅 李泽群
装帧设计 胡大伟

出版发行 济南出版社
地　　址 山东省济南市二环南路 1 号（250002）
总 编 室 0531-86131715
印　　刷 济南鲁艺彩印有限公司
版　　次 2024 年 8 月第 1 版
印　　次 2024 年 8 月第 1 次印刷
开　　本 170mm×240mm 16 开
印　　张 15.5
字　　数 206 千字
书　　号 ISBN 978-7-5488-6729-6
定　　价 48.00 元

如有印装质量问题 请与出版社出版部联系调换
电话：0531-86131736

泉城明珠大明湖（代序）

　　济南，号称泉城，有四大泉域、十大泉群，名泉七十二，小泉数不清。众泉汇流而成天然湖泊大明湖，成为举世罕见、全球最大的泉水湖，为济南三大名胜之一，素有"泉城明珠"之美誉。

　　在百花洲北面，有一座高大的牌坊，朱红色门柱，飞檐起脊，三阶错落，上覆黄色琉璃瓦，匾额上书"大明湖"三个鎏金大字，这里便是大明湖南门。奇怪的是，大明湖的"明"日字旁多了一笔，有人说，趵突泉碑上的"突"字少了一点，随着泉水流到这里来了。也有人说，这是清代书法家为避文字狱而有意将明朝的"明"字多写一横，听起来亦不无道理。书家笔下无错字，实际上，这是"明"的异体字。

　　在牌坊两侧，各有一条清澈的小溪潺潺流淌，东面是珍珠泉群经百花洲汇流而来，西边是濯缨泉、芙蓉泉等泉群经曲水亭汇入大明湖。湖西还与趵突泉、五龙潭、黑虎泉之水通过护城河相连。北魏郦道元在《水经注》中记载："泺水北流为大明湖，西即大明寺，东、北两面则湖。"古时的大明湖比现在大得多，北至鹊山，东至华山，湖水相连，平吞济泺。李白游鹊山、华山就是乘船往返，在诗中写到"湖阔数十里，湖光摇碧山""水入北湖去，舟从南浦回"。后来修筑城墙，开挖小清河，湖水下泄始成城中湖。

　　牌坊北面有一个码头，两岸柳浪垂荫，有游艇、画舫泊在那里，可以从此登船游湖。码头两边是大片的荷花，荷叶田田，亭亭玉立，像撑开的小伞，碧绿如玉。如果夏天来，荷花盛开，或红或白，交相辉映，宛若仙子下凡，婀娜多姿，圣洁高雅。金末元初文坛盟主元好问曾赋《临江仙》词赞曰："荷叶荷花何处好，大明湖上新秋。红妆翠盖木兰舟。江山如画里，人物更风流。"不知当年李清照游湖时，是否在此"兴尽晚回舟，误入藕花深处"。在北岸的藕神祠里，供奉的藕神就是李清照。

码头东北有个湖心岛，岛上有座历下亭，红柱青瓦，八角重檐，凌空欲飞，亭额上的三个红底金字"历下亭"是乾隆皇帝御笔。附近的御碑亭刻有乾隆《大明湖题》诗："芳洲城郭里，亭榭画图间。杜句已称古，春游偶趁闲。"这里的杜句，指的是杜甫游大明湖的诗句。唐天宝四年（745），诗圣杜甫和北海太守李邕，曾于亭内宴饮，杜甫即席吟诵《陪李北海宴历下亭》诗一首，留下了"海右此亭古，济南名士多"这一名句。著名书法家何绍基将其题写在历下亭门两侧作楹联，字迹雄浑苍劲，可谓珠联璧合。

码头西面有座遐园，遐园西侧有座稼轩祠，大门上方的匾额"辛稼轩纪念祠"为陈毅元帅所题。院内竹影移墙，榴花溢丹。穿过第二院落，北有正厅三间，楹柱对联"铁板铜琶继东坡高唱大江东去，美芹悲黍冀南宋莫随鸿雁南飞"，为郭沫若先生题书。厅内正中为辛弃疾铜像，四壁挂其生平事迹。辛弃疾，字幼安，号稼轩，济南历城人。青年时代发动抗金起义，曾在万军之中勇擒叛将张安国。历任滁州、江陵、南昌、福州、绍兴、镇江等地知州、知府及湖南、江西、福建、浙东安抚使，是著名的豪放派词人和南宋词坛领袖，与苏轼并称"苏辛"，与李清照并称"济南二安"，有"人中之杰，词中之龙"之美誉。

穿过玉函桥、龙泉池和鸳鸯亭，来到大明湖西北岸，迎面有座铁公祠。祠堂居庭院东北隅，面阔三间，祠内供铁铉铜像。铁铉曾任明兵部尚书、山东布政使。建文二年（1400），靖难之役，燕王朱棣发兵南下，铁铉固守济南宁死不降，后人为表其"忠烈"建祠祀之。整个院落由曲廊相围，在西廊洞门两侧，镶嵌着由山东学政、探花刘凤诰赋联，山东巡抚、书法大家铁保在此宴饮即兴题写的对联"四面荷花三面柳，一城山色半城湖"，成为形容济南风貌的名联佳句。

在祠堂西南隅，有座小沧浪亭。其亭半浸湖中，歇山飞檐，外设围廊坐栏。刘鹗曾在《老残游记》中描绘此处景色："到了铁公祠前……低头看去，谁知那明湖业已澄净得同镜子一般。那千佛山的倒影映在湖里，显得明明白白。那楼台树木，格外光彩，觉得比上头的一个千佛山还要好看。""佛山倒影"遂成明湖八景之一。抬头远眺，隐约发现佛慧山、千佛山山体就像一尊天然大佛横亘在那里，可惜中间有几座高楼遮挡了视线，佛山倒影已难得一见。

在大明湖北岸高台上，有座崔嵬的北极阁，里面供奉着北天之神玄武大帝，是济南市区现存最大的道观。该观建于元代，正殿居中，东西配庑殿，门厅左右是钟鼓二楼。院内银杏挺拔，翠柏碧透。正殿神龛内有真武金身坐像，手持宝剑，两侧侍金童玉女。神龛前下方分别站有水、火、龟、蛇四将，左侧塑青龙、天君、仙真、风伯、雷公，右边塑白虎、仙曹、雨师、电母，墙上绘真武大帝传说壁画。在北极阁门前，有两道青石坡道，从十来米高的平台上，斜穿36级台阶直达地面。这里成了孩童们的乐园，有不少儿童在上面溜滑梯，两道青石板被孩子们的屁股磨得锃光发亮。

行至大明湖东北岸，有座古色古香的南丰祠，为纪念齐州知州曾巩而建。祠由大殿、戏楼、水榭、游廊等建筑构成。南侧临湖是济南现存最大的古戏楼——南丰戏楼，游客们可以在此品茗小憩。北厅为南丰祠堂，厅内立有曾巩雕像，宽袍长袖，峨冠博带，手持书卷，儒雅潇洒，是以曾巩老家南丰县千年香樟雕刻而成。

曾巩，字子固，江西南丰人，世称南丰先生。自幼聪慧过人，嘉祐二年（1057）进士及第，历任齐州、襄州、洪州、福州、明州、亳州、沧州知州等职，是北宋文学家、政治家，名列唐宋八大家，被王安石誉为"曾子文章世无有，水之江汉星之斗"。

宋神宗熙宁四年（1071），曾巩出任齐州太守，在打击恶霸豪强、整治社会治安、加强城市建设、修建利民工程、减轻百姓负担、建设名胜景点等方面，颇有政绩。先后在大明湖周围修建了多处亭台楼阁、桥堰堤坝，疏浚了大明湖，留下了北水门、百花堤、历山堂、泺源堂等名胜古迹和70余篇诗词文赋。他深受百姓爱戴，在调离齐州时，百姓"绝桥闭门留之，至夜乘间乃得去"。后人在北水门附近建"曾公祠"和"汇波楼"以纪念。

汇波楼紧邻南丰祠，建于北水门城墙之上。北宋熙宁五年（1072），为治理水患，曾巩主持修筑了北水门，门设闸板，以调节水位，使大明湖之水"霪雨不涨，久旱不涸"，成为大明湖"四怪"中"两怪"之原因。

大明湖"四怪"之谜，由来已久。清乾隆《历城县志》载："湖出城中，擅奇宇内。异在恒雨不涨，久旱不涸，蛇不见，蛙不鸣。"这也就是济南人家喻户晓的大明湖"四怪"——蛇不见，蛙不鸣，雨不涨，旱不涸，已被列为全国四大生态之谜之一。

对于大明湖蛇不见、蛙不鸣的奇怪现象，有一个美丽的传说。相传乾隆皇帝来济南，和大明湖畔的夏雨荷在雨荷亭相会。蛇游蛙鸣影响了真龙天子，于是他下旨"蛇归洞，蛙不鸣"。从此，大明湖里就见不到蛇，也听不到蛙鸣了。在南丰祠东南侧，确有一个画舫式的亭阁雨荷亭，雕梁画栋，青瓦飞檐，相传为乾隆皇帝与夏雨荷相识之处。乾隆亦曾在大明湖畔留下满含深情的诗句："大明湖已是银河，鹊架桥成不再过。付尔东风两行泪，为添北渚几分波。"《还珠格格》中的一句台词"皇上，您还记得大明湖畔的夏雨荷吗？"使这里成为一个"网红"打卡地。

当然，这只是传说而已，对此亦众说纷纭。笔者以为，青蛙不叫的原因，应与湖水源自泉水有关。泉水恒温，常年在18℃左右，水温清凉。蛇是冷血动物，温度低时易冬眠。青蛙一般是到发情期求偶时才鸣叫示爱，而使青蛙发情的水温要达到22℃以上，所以出现了这一奇特现象。到底真相如何，还是留待生物学家们去揭开这一自然生态之谜吧。

至于大明湖之水"霪雨不涨，久旱不涸"，主要得益于北水门的调节。济南地势南高北低，南部为泰山余脉石灰岩地形，易溶于水形成地下潜流；

而市区北部为岩浆岩侵入体，岩质坚硬不透水，地下潜流到此受阻，夺地而出，形成众多涌泉，汇流成湖。一旦山洪暴发，城北极易成灾。曾巩修建北水门水闸，闸门可"视水之高下而闭纵之"，湖水从水闸上方自然流出，平时进出的水量基本均衡，所以保持了常年水位基本一致，不会干涸。如遇暴雨，可开闸放水，也不会出现洪涝灾害。曾巩在《齐州北水门记》中写道："外内之水禁障宜通，皆处其节，人无后虞。"北水门既是济南的北城门，又是调蓄大明湖水位的闸口，解决了困扰济南城北的水患问题，至今已历千载仍保持完好，还在为大明湖的泄洪蓄水发挥着作用，成为小清河的一个重要源头，堪为中国古代水利工程之杰作。

汇波楼就建在水门之上的城墙上，为悬崖歇山两层城楼式建筑，面阔七间，翼角悬山，丹柱绿瓦，巍峨壮观。元代散曲家张养浩为之作记曰："盖济南形胜，惟登兹楼，可得其全焉。"站在庙台之上，湖光山色尽收眼底。凭栏远眺，南山如黛；北望鹊华，黄河如练。俯视明湖，烟波浩渺。若傍晚登临，霞光满天，水天一色，浮光耀金，如诗如画，世称"汇波晚照"，为古时济南八景之一。

在大明湖东面，还有一个小东湖，因此古人亦称大明湖为西湖。两湖之间，有一条堤坝，由百花桥、凝雪桥、竹韵桥、南丰桥四桥相连。堤上鲜花灿烂，柳浪闻莺，这便是曾巩所筑的百花堤，亦称曾堤。曾巩赋诗以记之："如玉水中沙，谁为北湖路？久翳荒草根，未承青霞步。我为发其柱，修营极幽趣。发直而砥平，骈骊可驰骛。周以百花林，繁香泫清露。间以绿杨阴，芳风转朝莫。……"曾堤萦水为明湖八景之一，世人将其与西湖苏堤相提并论。实际上苏轼是在当年来看望时任齐州掌书记的苏辙，看了百花堤后受到启发，方才建了西湖苏堤。

在百花堤东南，有一座高大的超然楼，坐落在宽大的汉白玉石基之上，上下七层，铜瓦覆顶，巍峨高耸，气势恢宏，为大明湖最高的地标性建筑，被誉为"江北第一楼"。楼名仿苏轼所建、苏辙命名的超然台，取《道德经》

"虽有荣观,燕处超然"之意。每当华灯初放,楼上灯光璀璨,楼下人山人海。再加泉城夜宴明湖秀,流光溢彩,美轮美奂,成为近年来火爆出圈的又一"网红"打卡地。

超然楼周围汀洲密布,汀洲之间,有石拱桥相连,这里便是著名的"七桥风月",由鹊华、芙蓉、水西、北池、百花、秋柳、湖西七座石桥组成,一桥一景,风格各异。有的石拱浑圆,有的古典方正,有的恢宏大气,有的简约朴实。七座石桥横跨水上,如玉带飘逸,似长虹卧波,荡舟其中,俨然进入江南水乡。中间有水街蜿蜒贯穿,水香亭、烟雨堂、悠然亭、二郎庙等点缀其间,蒲苇丛生,鹭游鸟鸣,小桥流水,鸢飞鱼跃,颇有诗情画意。曾巩有诗赞曰:"西湖一曲舞霓裳,劝客花前白玉觞。谁对七桥今夜月,有情千里不相忘。"离开济南后还念念不忘:"将家须向习池游,难放西湖十顷秋。从此七桥风与月,梦魂长到木兰舟。"字里行间,充满了对大明湖的眷恋。

在汀洲绿荫里,隐现着秋柳人家、秋柳园、明湖居、汇泉堂、玉斌府和老舍纪念馆等青砖黛瓦的古建筑。老舍先生当年在齐鲁大学任教时,留下了《趵突泉》《济南的冬天》《济南的秋天》等脍炙人口的美篇,但唯独对大明湖有点揶揄吐槽。当时因围湖种藕,水面狭小。老舍在《大明湖之春》中写道:"它既不大,又不明,也不湖。""假若能把'地'都收回,拆开土坝,挖深了湖身,它当然可以马上既大且明起来。"

后来,历经多次疏浚,拓宽了水面,修复了超然楼、玉宾府、秋柳含烟、七桥风月等景观,大明湖景区面积已超过一百多公顷,并免费开放。现在的大明湖,既大,又明,亦湖矣,老舍先生当年的梦想,如今已经变成了现实。

孙继业

（全国政协常委，山东省政协副主席，民革山东省委会主委，
中国作家协会会员）

目　录

引 言

一、国家政策背景

　　"文旅融合"是旅游业发展的一个重要话题，"十四五"时期，文旅产业发展面临新机遇，但同时给文旅产业发展带来了前所未有的挑战。党中央对"十四五"时期繁荣发展文化事业、推动文旅融合发展等做出一系列重大部署。

　　"十四五"时期，随着供给侧结构性改革不断深化，我国社会主要矛盾变化带来的新特征新要求，2021年5月，文化和旅游部编制印发了《"十四五"文化产业发展规划》，规划中关于文旅发展提到了坚持推动文化产业和旅游产业深度融合发展的基本原则，推进"文化+"战略，坚持以文化赋能发展。在《规划》第五章推动文化产业融合发展一节中，具体从发展文化和旅游融合重点业态、打造文化和旅游融合发展载体、推动文化产业与其他相关领域融合三方面分析了文化对旅游的内容支撑和创意提升作用，推动更多文化资源要素转化为旅游产品，持续探索文化产业与文化事业融合互促的有效机制。

　　"十四五"时期我国全面进入大众旅游时代，面对旅游业和文化产业迎面而来的机遇和挑战，2022年1月，国务院印发《"十四五"旅游业发展规划》，提出"十四五"旅游业发展的目标和重点任务，促进旅游和其他领域融合发展，催生新业态，创造新价值和更多可能性，形成多产业融合发展新局面；提出把文化内涵融入旅游业发展全过程的高要求，让旅游发展承担传播文化的使命。

　　文化是国家和民族之魂，在新的历史起点上，文化在促进经济结构优化升级中是重要支点。2022年8月，中办和国办印发的《"十四五"文化发展规划》，在推动文化和旅游融合发展专栏，明确提出依托文化资源培育旅游产品，提升文化品位，丰富精神内涵；推动三馆（即博物馆、美术馆、图书馆）和剧院、非遗展示场所等成为旅游目的地，培育主客共享的美好生活空间，让人们在旅行过程中感悟文化、陶冶情操、体验生活。

文旅融合不仅被写进"十四五"规划纲要，还被写进党的二十大报告。党的二十大报告中将文化建设摆在突出位置，对文化、旅游工作做出重要部署，坚持以文塑旅、以旅彰文，推进文化和旅游在更广范围、更深层次、更高水平上深度融合发展。这为文旅工作指明了努力方向、注入了强大动力，对实现文旅良性互动、双赢发展具有重要的现实指导意义。文旅深度融合是赋能文化和旅游产业发展的重要力量，做好内容挖掘、加大文化资源转化力度，以业态创新提升文旅产业竞争力，以扩大消费助推文旅产业转型升级，这对所有文旅工作者赋予了更大的责任和使命。

2023 年 12 月中旬，在国务院新闻办公室举行的"权威部门话开局"系列主题新闻发布会上，文化和旅游部副部长卢映川、杜江介绍了加快建设文化强国、推动文化和旅游高质量发展有关情况，下一步，文化和旅游部将以促进文化和旅游消费、提升人民群众生活品质、更好满足人民群众需求为切入点，优化政策环境、创新旅游产品供给、建好平台载体，持续推进文化和旅游深度融合发展。

从国家印发的一系列文旅政策中我们进一步认识到了文化和旅游深度融合的重要性、紧迫性。在文旅融合发展新阶段，文旅需求多元化、个性化、特征突出化，旅游要成为文化产业发展的重要载体和途径，文化要为旅游产业发展提供灵魂和活力源泉。

二、山东文旅发展需求

在文化和旅游部门整合后，各地 2019 年工作要点不约而同地提出了打造文旅新品牌、树立文旅新形象的目标。由此，提升文旅服务效能、策划品牌文旅活动、激发文化旅游市场发展活力成为山东各地文旅部门今后工作的着力点。山东各地市积极深挖文化底蕴，寻找文化和旅游产业链条各环节的对接点，一方面依托旅游产业化、市场化，丰富文化产品的供给类型和供给方式，壮大文旅市场主体；另一方面用文化丰富旅游内涵，提高公共文化和旅游服务的供给质量，培育文化旅游产业新动能。

以机构改革为契机，山东省各级文化和旅游机构主动担当新使命。将"盘活资源""互联互通"等作为工作着力点，以推动文旅融合、高质量发展为主线，在文旅产业发展与质量提升中寻求新突破，不断满足人民群众日益增长的精神文化需求，不断推动文旅融合从理念走向实践，为加快推进文化强省建设贡献力量。

2021 年 6 月发布的《山东省"十四五"文化和旅游发展规划》，明确提出了推进文化旅游发展的思路举措，对于文旅融合的方向、定位、布局及文旅工作的切入点和突破口，具有十分重要的指导意义。进一步明确了全省"十四五"旅游业发展规划目标，为全省文化旅游发展形势、谋划工作举措提供了必要参考。

如何使文旅融合不是简单的"文化 + 旅游"？在 2020 年的山东省文化和旅游工作会议中，山东以融合发展、高质量发展为主线，以改革创新为动力，着力在稳增长、扩内需上出实招，在惠民生、优服务上见实效，在创品牌、展形象上求突破，推动文化和旅游工作再上新台阶。在 2021 年的山东省文化和旅游工作会议中，坚持以创新求突破齐发力，实施旅游"全要素提升计划"，启动文化资源转化年。在 2022 年的山东省文化和旅游工作会议中，提到要推动文旅产业提质增效，强化文化和旅游宣传推介。在 2023 年的山东省文化和旅游工作会议上，贯彻省委、省政府提出的"山东消费提振年"的决策部署。消费提振是当前文化和旅游领域的一项紧迫任务，强调坚持"大格局、贡献度、内涵建设、融合发展"工作理念，实施"文旅提质赋能计划"，提振旅游消费活力，加速文旅市场复苏。文化旅游消费，正成为增强文化自信、培育经济发展新动能的重要领域。伴随着文旅消费升级，刺激消费的前提是有质量过硬的供给，打造文旅新产品、新业态、新场景，不断推出符合游客口味的更多优质产品和服务，方能更好释放文旅市场消费新动能。

文化和旅游是与民众幸福指数紧密相关的事业。着眼服务经济社会发展大局，山东省委、省政府高度重视文化和旅游工作，2023 年 3 月印发了《关于促进文旅深度融合推动旅游业高质量发展的意见》，注重用好文旅融合发展平台，坚持以人民为中心的服务导向，丰富公共服务供给，激发文旅消费活力，塑强新时代文旅深度融合发展新优势，全面提升文旅产业发展能级和发展水平，推动文旅高质量融合。

推动文化和旅游高质量融合发展，从文化事业发展来说，可以满足群众多样化精神文化需求，让群众享受到高质量的公共文化服务供给；从繁荣旅游业来说，印证了旅游景区景点品质化发展的紧迫性。聚焦公共文化服务领域，最近几年是山东提升文化服务效能、推动服务高质量发展的关键年，山东各地在文旅融合发展的时代背景下，文旅部门更多地关注百姓的文化获得感，将服务原则精准化，服务方式创新化，聚力提升文化服务效能。

三、山东省图书馆的现状

新时代条件下，任何行业的发展都不可能孤立前行，作为公益服务业的图书馆更是如此。在文旅融合后的山东省图书馆最近几年的工作年报中，山东省图书馆立足文旅融合大局，树立融合发展理念，着眼文旅融合，在文旅融合方面做出了很多的探索和创新。

（一）山东省图书馆"十四五"规划

"十四五"期间，中国图书馆事业面临新的重大机遇和挑战。为深入贯彻和落实习近平总书记关于发展社会主义先进文化、做好文化和旅游工作的重要论述和对山东工作的重要指示要求，以及给国家图书馆老专家回信重要精神，顺应当代图书馆发展趋势，推动山东图书馆事业高质量发展，根据国家及全省关于国民经济和社会发展、"十四五"时期文化和旅游方面的规划纲要和发展规划，2022年山东省图书馆编制了《山东省图书馆"十四五"发展规划》，进一步明确了山东省图书馆事业发展的中长期目标。

在《山东省图书馆"十四五"发展规划》中明确了以创新为动力，以提高社会文明程度为己任，弘扬中华优秀传统文化，提升整体服务水平为指导思想。以推动公共文化服务高质量发展为目标，聚焦新时代群众的精神文化需求，依托馆藏特色资源和文化要素，在推动公共文化服务标准化建设的同时，创新服务模式，积极推动与科技、旅游跨界融合，不断拓展公共文化服务空间与内涵，持续提升公共文化服务效能，努力满足人民群众更加多元的服务需求。

（二）山东省图书馆"十四五"期间的发展

2020年疫情防控期间，山东省图书馆积极应对突如其来的新冠肺炎，全馆同心，抗击疫情，创新思路，主动作为，坚持"闭馆不闭网，服务不打烊"的原则，加强线上服务力度。全面梳理本馆现有数字资源，对接好客山东文旅在线专栏，合力打造线上文旅服务品牌。

山东省图书馆在总结2021年工作和部署2022年重点工作中，牢固树立创新理念，持续推进服务效能提升，以推动全民阅读为己任，进一步筑牢齐鲁特色阅读推广体系建设基础，在2022年馆内重点工作报告中提出要进一步加强社会合作，注重深化与政府机关、企事业单位、教育机构、媒体机构等合作，持续推进阅读推广活动进机关、进社区、进学校、进基层、进乡村，着重在文旅融合上下功夫，提升阅读推广活动的社会化、多元化水平。

在 2023 年山东省图书馆全体工作大会上，馆党委书记、馆长刘显世指出，山东省图书馆要进一步发挥公共文化服务阵地优势，加强资源建设，从供给侧角度在文旅融合跨界合作上创新突破，在阅读推广的形式和方式上根据部门实际情况深挖策划部门品牌项目，带动旅游消费升级。

（三）山东省图书馆积极参加学雷锋文旅推广志愿服务活动

山东省文化和旅游厅将 2021 年确定为"文旅基层服务年"，并于 3 月 5 日"学雷锋纪念日"在济南百花洲主办"文旅服务群众　共享美好春光"学雷锋文旅推广志愿服务活动，现场推介山东春季旅游资源。山东省图书馆积极参加学雷锋文旅推广志愿服务活动，在文旅推广展示区，为游客展示鲁图特色文创产品，开展雕版印刷和碑刻传拓体验活动等，促进基层文旅服务创新，丰富了群众的文旅产品供给，推动文旅深入融合，丰富了人民群众精神文化生活。

（四）山东省图书馆承办山东省首届公共文化机构文创大赛

为适应和推进文旅融合模式新发展，激发文化创新思维、营造文化创新氛围，推动基层公共文化服务领域供给侧结构性改革，山东省图书馆作为山东省首届公共文化机构文创大赛的主承办方，打造文旅系统独特 IP，不仅在全省范围搭建起公共文化机构创意惠民服务新平台，也是贯彻落实省政府"五个大家"系列活动的重要举措。山东省图书馆秉承讲述文化、传播文化的理念，凸显公共图书馆的文化传承属性，推动馆藏文化元素融入群众生活，搭建文创产业链，将创意作品与市场高效对接，推动优秀传统文化创造性转化和创新性发展，实现全省公共文化服务链条有效延伸，为文旅深度融合打下坚实基础。

（五）山东省图书馆深耕"图书馆＋书院"模式，巩固尼山书院服务品牌

落实"图书馆＋书院"工作要求，贯彻《山东省文化旅游融合发展规划》精神，山东省图书馆尼山书院为了打造文旅融合新阵地，恢复国学分馆丝竹雅集夜间演出，遐园、"奎虚书藏"楼、抗战受降展厅等成为重要旅游打卡地。尼山书院国乐团入围 2020 年全国文化和旅游志愿服务项目线上大赛。

第一章　明湖诗旅源起

　　山东省图书馆尼山书院为全面落实 2021 年 6 月《山东省"十四五"文化和旅游发展规划》精神，特意为读者打造了一档喜闻乐见的诗旅文化系列讲座——"诗词里的山东"。齐鲁文化根脉绵延，在悠远的文化长河中，奔涌着旖旎的诗词波澜。齐鲁大地人文荟萃，在深厚的人文土壤中，绽放着璀璨的诗词芳菲。"诗词里的山东"，撷齐鲁诗词名篇为经，揽齐鲁物华名胜为纬，构建诗旅文化坐标，让读者在诗词中体悟齐鲁风华。"诗词里的山东"第一期为"诗词济南"系列，讲座将以济南名胜为游踪，以济南诗词名篇为导游词，带大家在品读赏读中，一同体验济南文化之美、人文之美、风光之美。"诗词济南"系列共有六大专题，分别为"湖韵半城""泉甲天下""山山环拥""河水汤汤""胜景星布""诗旅徜徉"。

一、 "诗词里的山东"诗旅文化系列讲座

　　2021 年 7 月 31 日，"诗词济南之湖韵半城"第一讲"大明是湖不是湖"终于开讲了。子辰老师是本系列讲座活动的主讲人。子辰老师是山东大学文学研究生、首都经贸大学法学研究生、山东诗词学会会员、中国孔子网中华优秀传统文化讲师，曾任院校专业教师、省级机关单位宣传干事、省级媒体编辑记者，举办社会教育讲座及诗词文化讲座 500 余场。

　　子辰老师在讲座中先讲解了大明湖名称的由来，然后又分别化身李白、李清照等历史名人，从他们的诗词作品出发，谈了他们对大明湖的认识。大明湖是李白诗中的豪放，是李清照词中的婉约，是元好问词中的思念，是蒲松龄诗中的生活，是乾隆诗中的江山。随后子辰老师又带领大家一起吟诵了

这些写大明湖的诗词，并与大家交流诗词中的意境。整场活动吸引了大量诗词爱好者参与，让听众在诗词中加深了对大明湖及济南的认识。

二、诗词济南之湖韵半城

诗词济南之湖韵半城以大明湖为主线，用诗词串联了历史、人物、逸事和大明湖的景点。这也是"明湖诗旅"研学游最大的特点之一。"明湖诗旅"研学游其实就是"诗词里的山东"系列讲座的课堂延伸。它有机地将文化与旅游进行了融合，使古籍里的诗词重新"活"了起来。湖韵半城共八讲，分别为"大明是湖不是湖""双亭翼然明湖畔""多少烟雨望楼台""南丰祠祭名太守""秋柳园忆真名士""藕神祠咏婉约调""稼轩祠诵豪放风""湖水碧映江山丽"。

（一）大明是湖不是湖

以"看湖是湖、看湖不是湖、看湖还是湖"为主线对大明湖进行了整体赏游。"看湖是湖"部分，通过导游词了解大明湖的形成、面积、水深、位置、称誉及历史沿革。"看湖不是湖"部分，通过品读历代文人名士吟咏大明湖的诗词，寻找大明湖不是湖的无数答案。大明湖是李白的浪漫、李清照的婉约、曾太守对济南这座城和对济南人民的一片深情；大明湖是以元好问为代表的文人雅士对济南的热爱与眷恋；大明湖是蒲松龄的生活日常，是他的创作之源；大明湖还是乾隆的江山、夏雨荷守候的诺言和琼瑶心中关于爱情的模样。"看湖还是湖"部分，通过现场听众的交流分享，感受每个人心中不一样的大明湖。引用相关诗词：清代刘凤诰《咏大明湖》，金代元好问《临江仙·忆大明湖》。

（二）双亭翼然明湖畔

　　双亭即历下亭、北渚亭。欧阳修《醉翁亭记》中提到"峰回路转，有亭翼然临于泉上者，醉翁亭也"，这里的"翼然"比喻非常妙，静态的亭子变为动态的鸟，亭子一下子就活了。而我们大明湖里的古亭，不像醉翁亭飞架于泉上，而是飞架于泉水湖畔，那它们自然更具一种翼然欲飞、灵动异常的姿态。引用相关诗词：历下亭引用唐代杜甫《陪李北海宴历下亭》，北渚亭引用宋代苏辙《北渚亭》。

（三）多少烟雨望楼台

　　在大明湖的水雾烟雨与岁月长河的沧桑烟雨中，登临观览汇波楼与北极台。在汇波楼，整体了解汇波楼的建造年代与建筑特色等基本内容，并通过品读张养浩的《登汇波楼》，感受汇波楼的诗意风韵。在知识点上，扩展学习诗词积累法。在思想方面，结合儒家"我善养吾浩然之气""穷则独善其身，达则兼济天下""仕而优则学，学而优则仕"等名言名句进行重点分析感悟。在北极台，整体了解北极台的文物价值、艺术价值及其之于济南人与济南这座城的特殊意义，并通过品读王钺的《北极台感怀》，感受北极台的诗意苍茫。同时延展另外两位诗人与两首诗：唐代陈子昂的《登幽州台歌》与唐代李商隐的《乐游原》，在感受诗人的感受与时光不可追的感慨中，领悟体会少壮必努力、时间要珍惜的道理。引用相关诗词：汇波楼引用元代张养浩《登汇波楼》，北极台引用清代王钺《登北极台感怀》。

（四）南丰祠祭名太守

　　第一部分，我们近距离观览南丰祠，探秘南丰祠的由来，并从四个方面总结了曾巩为济南所做的突出贡献。一是奠定了济南作为"齐鲁首邑"的地位根基；二是推高并打造了济南的"泉城"形象；三是强化与构建了济南"园林式"的城市风貌；四是创造了诗意济南的文化高峰与审美格局。第二部分，我们探寻曾巩的生平家世，在其影响带动下南丰曾氏的发展。进而我们追根曾氏一族的昌盛之源乃其先祖曾子，曾子的思想成就、善于自省的修身原则、孝悌忠信的处世法则、悉心教子杀猪示信的家庭教育观念及身体力行的实践成果，为曾氏一族树立了福泽绵延的淳厚家风。我们继而又延展了曾氏名人曾国藩，其自律自守的成功之道、教育子女"勤俭谦"的持家之道体现了曾氏家风的良好传承。最后我们归结为家风对一个人、一个家庭、一个家族乃至国家民族都具有重大影响。引用相关诗词：宋代曾巩《大明湖》《西湖二首》。

（五）秋柳园忆真名士

　　第一部分，观览秋柳园，精解楹联，品味其人文价值。它是公园内的园中园，是济南这座诗意之城中诗意之湖大明湖畔的诗意之园，在济南人文历史上占有显著地位。第二部分，走近名士王士禛，首先探源中国名士传统、琅琊王氏与新城王氏的家族发展史、王士禛优裕家世学养的积淀，继而循着王士禛的人生足迹，一路追寻其空山雨雪的清廉为官之道，勤奋不辍、至死不倦的为学之道，其在诗歌理论方面的建树、推广《聊斋志异》等通俗文学的功绩以及在藏书等方面的成就。"是真名士自风流"，他有胸襟有担当。最后我们落脚在当下的新时代，希望每一个人都涵养一种舍我其谁的精神，以"数风流人物，还看今朝"的气魄与作为，为中华民族伟大复兴尽一份力，做出自己应有的贡献。引用相关诗词：清代王士禛《秋柳》诗。

（六）藕神祠咏婉约调

　　第一部分，观览藕神祠，精解楹联。外楹柱集句联"一盏寒泉荐秋菊，三更画船穿藕花"，表现的是济南的风光特色，一是泉多清冽，同时涵盖佛山赏菊、明湖泛舟的济南古八景；内楹柱联"是耶非耶，水中仙子荷花影；归去来兮，宋代词宗才女魂"，体现的是荷花仙子与旷世才女的精魄合一。

第二部分，循着李清照的人生轨迹，从千古第一才女李清照、藕花之神李清照、幸福女子李清照、易安居士李清照、李三瘦李清照、婉约词宗李清照、女中丈夫李清照、词论大家李清照、金石专家李清照、博家之祖李清照、世界知名的中国文化名人李清照十一个方面，领略她穿越千年的不朽传奇。引用相关诗词：宋代李清照《夏日绝句》。

（七）稼轩祠诵豪放风

第一部分，观览稼轩祠，重点鉴赏名人墨宝：东跨院大门陈毅元帅亲题的匾额，一进院东厢房内毛泽东主席手书辛词六首，二进院正厅郭沫若先生题写的匾额与楹柱联。西跨院停云堂对联为舒同集字联。另外还有当代名人叶圣陶、臧克家等人赞颂辛弃疾的诗词、字画。揭秘稼轩祠作为明湖八景稼轩悠韵主体建筑以及济南城市符号所蕴含的文化底蕴。第二部分，追寻辛弃疾的人生足迹，从起义军领袖、南宋官员、归正人、政论家、军事家、飞虎军创立人、爱国词人、将军词人、稼轩居士、归隐词人、慈爱父亲、多情夫君、"苏辛"之辛、"济南二安"之幼安、义士挚友、诗人、留下国宝书帖的不是书法家的书法家十七个方面，领略其多面人生的不凡成就。引用相关诗词：宋代辛弃疾《破阵子·为陈同甫赋壮词以寄之》。

（八）湖水碧映江山丽

大明湖是一水江山，乾隆帝曾多次巡游此地，留下不少墨宝与故事。在湖西南门正中影壁墙上毛主席的《采桑子·重阳》，印证着济南作为英雄之城的革命历史。引用相关诗词：从蛇不现、蛙不鸣的传说引出清代乾隆的《大明湖》，从西南门正中影壁墙上的伟人诗词引出毛泽东《采桑子·重阳》一词。

"诗词里的山东"系列讲座只是理论文化传播，距离让广大群众知行合一深刻体验中华诗词魅力，还有一段距离。根据文旅融合精神，山东省尼山书院启动了"明湖诗旅"研学体验实践项目。讲座是理论，研学是实践，实践源起于理论。"明湖诗旅"研学游是理论联系实际的体现。

推荐书目：

特别推出诗词主题的赏析、解析书目，让广大读者深入了解诗词创作的背景，体会诗词中别样美的意境。

书名	作者	出版社
诗境浅说	俞陛云	北京出版社
迦陵谈诗	叶嘉莹	人民文学出版社
迦陵谈诗（二集）	叶嘉莹	人民文学出版社
唐宋词启蒙	李霁野	北京出版社
宋词赏析	沈祖棻	北京出版社
给孩子的古诗词	叶嘉莹	中信出版社
飞花令里读诗词	孙立权、华燕	吉林出版集团股份有限公司
鲜衣怒马少年时	少年怒马	湖南文艺出版社

第二章　八景映明湖

一、相约遐园

　　遐园对老济南人来说，并不算陌生。因为遐园始建于宣统元年（1909），它见证了济南一个多世纪的荣辱兴衰，是老济南人心中抹不去的记忆。

遐园正门

（一）江北第一园

　　遐园被誉为"江北第一园"，又称"济南第一标准庭院"。由贡院（现山东省人民政府）东北一隅划地，仿著名藏书楼及园林式建筑天一阁而建，馆内"亭台水榭，中叠假山，花木扶疏，略有园林之胜"，在清末各省图书馆中首屈一指。

1. 遐园位置

遐园对于外地游客来说应该比较陌生，不过随着济南这座历史悠久的城市逐渐成了新兴的"网红"城市后，遐园也悄然地被更多人所知晓。遐园作为山东省图书馆尼山书院诗词研学第一站的原因是它坐落在济南内城最核心的位置，交通非常方便。北面是湖光秀丽、波光粼粼的大明湖，南面是济南古城百花洲及祭祀、教育的标志性场所府学文庙，东面是明湖老八景丹坊耀日的大明湖正门，西面紧挨着"奎虚书藏"楼，是有地标性的园林庭院，最适合人员集中活动。

2. 遐园往事

遐园位于大明湖南岸，原为清代科举考场贡院旧址。清光绪三十四年（1908）二月，山东省学政罗正钧倡议营建遐园。当时为大兴学风造就人才，罗正钧在造园的同时，还提倡创办山东省立图书馆。罗正钧兼任坐办（即馆长）。于是山东省图书馆于宣统元年（1909）十二月十六日正式落成，也成为全国最早的省级图书馆之一。

遐园为当时山东省立图书馆的雅称，罗正钧取《诗经·小雅·白驹》中"毋金玉尔音，而又遐心"意，为图书馆起名遐园。到1916年，遐园藏书已达13万卷，成为全国最大的图书馆之一。因藏书丰盛，且物种丰富，博得了"历下风物，以此为盛"的赞语。遐园占地约9600平方米，是一所馆（图书馆）园结合的民族形式的古典庭院，创建初期即负盛名，与天一阁并称"南阁北园"。也就是说，遐园可以与南方的天一阁相媲美。遐园园门朝东，大门门额之上嵌有罗正钧篆书"遐园"二字。

3. 遐园建筑

园内正中为读书堂，为当时的军民提供阅读用。读书堂北侧为宏雅阁，用以贮藏图书与金石文物。宏雅阁北侧为海岳楼，为储藏图书之所。以前在读书堂、宏雅阁、海岳楼之间有天桥相连接。海岳楼西为神龛，东为虹月轩，另有碧琳琅馆、浩然亭、朝爽台、汉画室、罗泉堂等建筑物，系储藏古碑石、装潢书帖、职员居住及读者休息之所。

　　读书堂西南为明漪舫（最初的少儿阅览室），明漪舫西便是金丝楸了，金丝楸贯穿遐园南北。金丝楸月亮门以西，南侧有一两层建筑名为"湖天一角楼"，一楼收藏汉代画像，二楼收藏历代货币。北侧是博艺堂，收藏的是文物字画。当时全馆藏书共有 91000 多卷。院内楼堂以曲廊相连，又绕以溪流池塘，塘内植荷养鱼，小溪虹桥卧波，浓荫通幽径，修竹摇荷风。

　　当时，这里还是中国第一所由省级政府创办的具有博物馆性质的机构——山东金石保存所。宣统二年（1910）六月，金石保存所动工兴建，十月落成。次年开馆。金石保存所在山东省图书馆历任馆长罗正钧、王寿彭、王献唐等著名学者的努力下，致力于保护齐鲁文化，经历年陆续收藏，截至 1933 年 7 月底，金石保存所藏品已经十分丰富，且多珍品，铜器、石刻、钱币、砖瓦、陶器、泉范、陶文、玉器、瓷器、甲骨、乐器、书画、金石拓本等共计 16256 件。其中包括吴式芬、丁树桢、陈介祺、许瀚、马国翰等名家的旧藏，蔚为大观，尤其以石刻碑帖享誉远近，汉代《为父通作封记》《熹平石刻残石》，北魏《李璧墓志》《孙辽浮图铭》《李谋墓志》等石刻最为著名。

　　1922 年，遐园内举办了山东省历史博物展览会，展览内容十分丰富，包括地理、历史、文物、教育、农业、商业等展品，向全国展示了齐鲁大地灿烂人文和历史。蔡元培、梁启超、黄炎培、陶行知等民国时期鼎鼎大名的人物悉数参加了展览会。

4. 战火毁遐园

　　1928 年，日军在济南制造了五三惨案，用炮火轰击城区，遐园馆舍建筑和藏书文物遭到严重破坏。事后，图书馆曾以被炸毁残书设专架在阅览室展示，书曰："呜呼！我国人其念之！"惨案发生后，恰逢大雨连绵，遐园的房屋无不塌毁渗漏，书籍、标本、仪器损毁不计其数。1937 年日军进攻济南时，玉佩桥以东建筑再次遭到大破坏。海岳楼、宏雅阁、读书堂、虹月轩等一夜间变作废墟。由于战乱，遐园内建筑大都残毁。1948 年济南解放后，遐园得以修葺，消除了战火创伤。1959 年，本馆面积达 8000 平方米的遐园除抱璧堂外连同古碑刻被划拨给了大明湖公园。1963 年在"奎虚书藏"楼前建青砖围墙与公园隔开，中间以飞檐大门相通。如今，遐园与原省图书馆保留下来的老建筑"奎虚书藏"又合并在了一起，成为大明湖风景名胜区一处新景点。

5. 遐园新貌与逸事

2021 年，为优化遐园园区环境，增加文化内涵，恢复旧日风貌，天下第一泉风景区启动了对遐园基础设施和文化提升两方面的改造工作。

遐园正门面向正东，门的右侧有清朝末年山东提学使、湖南湘潭人罗正钧所写的"遐园"石碑。自东门而入顺势呈现俊俏假山，山石陡峭，巨石嶙峋，沿石径可蜿蜒登上山顶。山顶有一台，曰"朝爽台"。台上有亭，四面单檐，石质亭柱，名曰"苍碧亭"。

假山屏障

苍碧亭

从山顶向北俯瞰，园内杨柳垂荫，修竹郁森，丽水虹桥，曲径通幽，韵味无穷，遐园景色尽收眼底。山北下方有池塘，水面如镜，植有荷莲，水下锦鱼穿梭，美不胜收。

俯瞰遐园

曾是山东省少年儿童借阅室的明漪舫，依然在园子的西南隅。因明湖船舟不能驶进遐园，故造船形亭名曰"明漪舫"。明漪舫三面环水，一面临榭，溪水沿明漪舫西金丝榭东北流。

明漪舫现已成为济南明湖传统武术俱乐部，每到周末学习武术的孩子在明漪舫前的空地上，有的舞棍，有的耍刀，有的练拳，个个精神抖擞，为这个古老的庭院注入了青春的活力。济南明湖传统武术俱乐部 1998 年成立，是济南市市级非遗"济南八极拳"和济南市天桥区区级非遗"摔跤"的传承基地，创始人是曾任济南市武术队兼教练的乙立清先生。俱乐部西门有一小拱桥曰"明漪桥"，明漪桥将明漪舫与金丝榭相连，桥东西宽不到一米半、南北长不足两米，桥拱弧顶高出水面不到十厘米，无疑明漪桥是大明湖景区内最小的拱桥了。

桥下这条与金丝榭平行流经整个遐园的小溪名曰"玉带河"。玉带河起源于珍珠泉群，汇集了一众泉水，经鸭子弯、后宰门、曲水亭、百花洲进入遐园，最终流入大明湖。

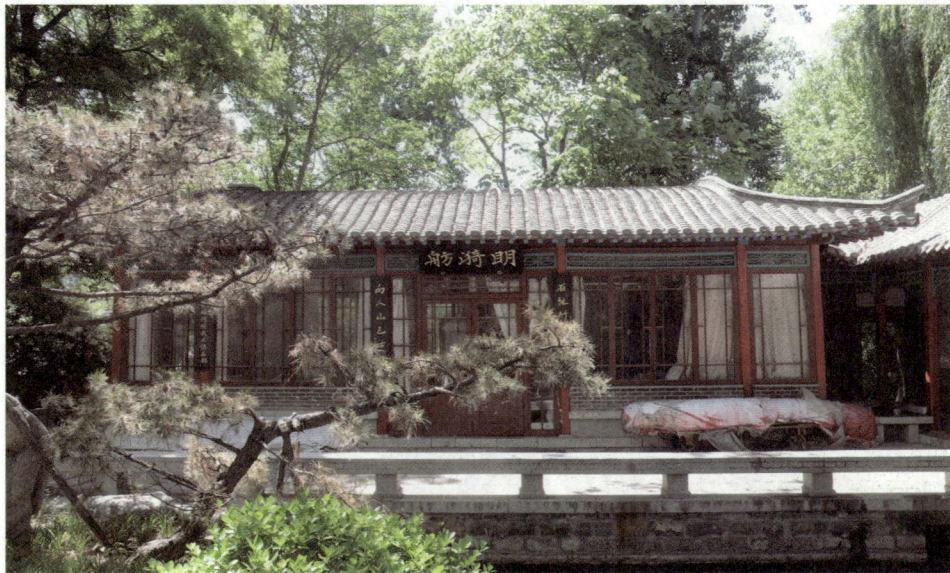

明漪舫

　　玉带河有两座一高一矮、一平一陡的小桥,矮一点平一点的名曰"武林桥"。其以南是现为武术俱乐部的明漪舫,东面是练习拳脚摔跤的场子,所以被称为"武林桥"。

　　高一点陡一点的名曰"玉佩桥"。两桥将院子与西侧的金丝榭连接。现金丝榭重修于 1963 年。2021 年改造后,榭面嵌上了许多大小不一的墨迹石刻和两个不同形状的花窗,透过花窗可以感受到榭内外不同的景色。金丝榭从庭院西南角的小木门,一直延伸到院子西北角,先往西再往北拐了两个弯,这两个弯完美地将洪拳陈式太极拳大明湖辅导站与"奎虚书藏"楼隔开。

　　金丝榭中间部分,用小篆写着"宏雅"两个字的月亮门联通了遐园与扇面泉,榭北端挂有"山东省图书馆"匾额的月亮门连接了"洪拳陈式太极拳大明湖辅导站"与"奎虚书藏"楼。

　　洪拳陈式太极拳大明湖辅导站始建于 2003 年,到现在已经有 20 多年了。以前在大明湖司家码头附近,后因大明湖扩建改造,迁址遐园。辅导站之所

宏雅门

太极拳基地

以选在遐园，是因为洪拳陈式太极拳创始人洪均生先生 1944 年到 1956 年在济南就职时，曾在此教拳。2011 年春，在多方协助下，辅导站负责人刘忠才先生，将一块刻有"洪拳陈式太极拳大明湖辅导站"这几个字的大青石摆放到了这里，从此标志着洪拳陈式太极拳正式落户遐园。2018 年辅导站正式成为济南武术协会会员单位。在此学习太极拳的在册人员达到三百多人，成为济南著名的武术习练场所。

辅导站西，有一小池塘，名曰"水莲池"。水莲池南端有弓形石桥，就是前面提到过的玉佩桥。玉佩桥得名于杜甫在济南写的《陪李北海宴历下亭》中"云山已发兴，玉佩仍当歌"的诗句。玉佩桥处于遐园金丝楸拐角处，曾是进出山东省图书馆的必经之路。作为遐园里标志性建筑，它饱经风霜，见证了历史。起初玉佩桥是一座廊桥，桥上有廊，桥侧有立柱，桥下有溪水，特别古朴典雅。经历过了战火的玉佩桥，顶棚和立柱早已不知去向，只剩下桥面横跨于溪水之上。后来为了安全，桥的两侧安装了铁制的护栏，2021 年遐园改造时又将铁制护栏换成了石制护栏。

　　玉佩桥以北的水莲池里，各种各样的水生植物生长得格外茂密，有的高，有的矮，有的粗，有的细，有的高出水面像低头往水里看，有的长在水里伸着脖子貌似向水面瞧，最有特点的还是那一朵朵水莲花。不大的叶子上，黄色的水莲花犹如亭亭玉立的少女立在水中，每天接受着羡慕的目光和赞美之声。池塘之所以植物茂盛，是因为池塘下方与一墙相隔的大明湖相通，这样的活水为植物生长提供了所需要的养分。

　　池塘北岸有一棵"网红"树，每天在这里拍照的游客络绎不绝。为什么一棵树会成为"网红"呢？这还要从它的历史说起。原来这是一棵普通得不能再普通的柳树，常年生长在气候适宜、水土营养丰富的明湖岸边。由于位置的原因，长得十分粗壮，但是中间部分被虫蛀空了。为了不再让虫蛀，保护好这棵大柳树，园容工作人员将中间蛀坏的部分挖空了，并在里面砌上了水泥砖块。2011 年，工作人员可能感觉树里的砖块太不美观，便把砖拆除了，并对树干进行杀菌、涂抹石灰等处理。

玉佩桥、水莲池和网红树

2016 年左右，艺术学院的一些学生发现了这棵空心树，便用丙烯颜料进行艺术化创作，将一套太极拳法按照一、二、三排列，画到了树洞里。一指的是最上方画有一个阴阳太极图，二指的是太极图下方有一黑一白两个打太极的人物，三指的是两个黑白人物下面画有三列六排，上身白色下身黑色的十八个做着不同太极动作的人物。这二十个人物在树洞里惟妙惟肖，栩栩如生，组成了树洞里的"武功秘籍"。经过网络媒体的报道，这棵空心"武功秘籍"树成了一棵游人争相打卡的"网红"树。树东路分南北，往北穿过题有"烟波"两字的石门，眼前豁然开朗，大明湖美景尽收眼底。穿过两侧种满绿色植物的石板小路，便来到了遐园最北面的标志性建筑，现在的"国学讲堂"。

（二）国学讲堂

为什么说是现在的国学讲堂呢？因为它改名为国学讲堂是近几年的事。这个地方以前见证了太多的历史变迁。

国学讲堂是一座坐北朝南砖石结构的建筑，与最早的山东省图书馆和遐园同时期建造，名曰"海岳楼"。海岳楼分上下两层，共四大间，为储藏图书之所，相当于现在的图书馆书库。

1932 年，在省督学彭汝霖、馆长王献堂视察省立图书馆报告中记载："该馆位于大明湖畔，毗连民众教育馆，游人往来期间者，四时不绝；馆内叠石为山，引流成渠，花木台榭，点缀幽丽；以此风景宜人之地，辟作民众读书之所，甚属适宜。惟其间各室，沿用旧式楼房，下层作阅览室，尚可牵就，上层作藏书库，殊非长策；因新式藏书楼，其层连书架之重心，皆在最下层，该馆沿用旧书架，其重心皆在放置之楼板上，藏书愈多，压力愈重，及至重量过限，仍赖旧楼板支持，易生坍塌危险，况该馆现存书籍已难容纳，防范火险，尤甚注意；似应筹建新式保险藏书楼，连同新式金属书架，为一劳永逸之计，馆址切近湖滨，地面潮湿，碑龛内，仅以砖铺地，湿气逐渐上浸，又经风吹日晒，其损坏石刻之力甚巨；似应采用洋灰油毛毡材料培高地基，

国学讲堂

围墙以石料筑之，建成身浅间长之展览室，外加玻璃门窗，以防风雨浸蚀，如此则对于保存展览皆便利，该馆东北角假山上浩然亭，向东歪斜，势将倾倒，应速修建，以便阅览人游憩。"

1937年七七事变后，抗日战争全面爆发，当年12月27日济南沦陷。作为负责指挥山东军事，第五战区副司令长的韩复榘实行不抵抗的"焦土抗战"政策，他在撤离济南前下令，放火烧掉省政府各机关、火车站、高等法院、国货商场等，遐园内玉佩桥以东的海岳楼、宏雅阁、虹月轩、读书堂、博物展览室等建筑全部付之一炬，留存馆内的图书文物损毁殆尽。只有"教育品展览室"，即后来的山东省少年儿童借阅室，现在的明漪舫，幸免于难。

1938年5月，日伪政权派人修理残毁房屋，在海岳楼旧址改建抱壁堂，搜集散佚图书，补充新旧书籍。这所房屋的建造及其得名与日本侵略军有着直接的关系。

　　1937 年底日军侵占济南后不久，日本政府即派了一个名叫渡边渡的人来济南，担任日本陆军驻济南特务机关的机关长。据当时的伪省长唐仰杜在其为抱璧堂写的碑记中称，渡边"衔命来是邦，辅导鲁政，竭诚相助，既为我恢复政权，而尤汲汲焉于文化建设，弛张坠举，百废咸修"，且对于恢复图书馆之事"先生乃力赞其成"。汉奸的字里行间，洋溢着对渡边的赞美。但是渡边为什么要"汲汲焉于文化建设"，关心山东的文化建设，关心山东省图书馆的重建工作呢？他当然不是为中国人民，也不是为了弘扬和保存齐鲁文化，而是为了建立一块奴化中国人民，瓦解其反抗斗志的阵地，为了更方便地攫取山东的经济情报以便于对中国的经济掠夺。

　　这个渡边，实际上是日本政府派驻山东的一个文化间谍，他在济南期间，长驻于省图书馆，一方面从事奴化宣传教育，一方面搜集经济情报，他把山东，乃至整个华北地区矿产、农业、工业等方面的资源情况全部搜集起来，分门别类地加以编排，汇印成册，以便于对中国的经济剥削与掠夺。这些资料，至今还保存在山东省图书馆。驻鲁日军和济南的汉奸们在渡边即将离开济南另赴新任之际，决定将山东省图书馆院内正在兴建的一座房屋命名为"抱璧堂"，因为渡边的字叫抱璧。

　　抱璧堂竣工于 1939 年 7 月。这是一座中式建筑，外墙为海青色，堂之东角建有一个六面条亭，亭上每天都有日本卫兵站岗。据记载，抱璧堂虽建于山东省图书馆内，但并不是为读者修建的，也不是寻常人物所能随意出入的。日军的师、旅、团长级的会议才能在此召开，而且只有来自北平和南京的要人才在此接待。[①]

　　时过境迁，曾戒备森严的抱璧堂，在抗日战争结束后成了"过期报刊查阅室"，供广大读者自由出入查阅资料，抱璧堂这个名字已鲜为人知，但是抱璧堂所记录下的日本侵略史，我们将永远不会，也不该忘记。

---

① 徐明兆 . 战火中的山东省图书馆 [J]. 山东图书馆季刊，1995：2，6-9.

　　1945 年 8 月 15 日，日本宣布无条件投降，同年 12 月 27 日在"奎虚书藏"楼进行山东地区受降仪式时，抱壁堂又作为传唤室，让日军军官在此等待传唤。国内解放战争时期图书馆基本是闭馆状态，所以抱壁堂也未做他用。1948 年 9 月，济南解放后，山东省图书馆于 1949 年 4 月正式开馆，开馆后此处先后做过外文期刊阅览室、自修室、过期报刊查阅室。2001 年 10 月 24 日，全国首家省级公共图书馆老年人阅览室在此成立。当时"山东省图书馆老年人阅览室"的匾额，是由山东省原书记苏毅然所题写。

　　2014 年下半年山东省文化厅实施"图书馆 + 书院"的公共文化服务模式，在山东省图书馆建设了尼山书院。2015 年，山东省图书馆老年人阅览室更名为国学讲堂，并沿用至今。所以现在的国学讲堂不仅是进行传统文化讲座的场所，还是近代中国屈辱史与奋斗史的见证。

1. 国学讲堂建筑特点

　　国学讲堂还有一个奇怪的现象。整个建筑的底部是空的，四周分布着十七个通风口，前面和两侧分别有四个，后面有五个。但内外整个房子，都没有通往下面的入口。其作用很简单，主要是用来通风，防止水蚀。国学讲堂位于大明湖畔，时间一长，湖水对建筑的地基肯定会有影响。建造者通风的办法完美地解决了这个问题，使国学讲堂经受了百年的沧桑，仍然坚固如初。

2001 年的国学讲堂

　　国学讲堂前的

小溪有一小桥连接遐园中央,此小桥名曰"书院桥"。玉佩桥东的书院桥和玉佩桥南的武林桥彰显崇文重武的齐鲁文化,体现了孔子"一张一弛,文武之道"的思想。

北侧通气孔

2. 抗战胜利纪念碑

国学讲堂往东穿过几块石板铺成的小路,有一个石台,上面有六边石桌和六个石凳,供游人歇脚。这个石台其实是个石基。抗日战争胜利以后,山东地区的受降仪式在遐园西面的"奎虚书藏"楼举行,为了纪念这一重要事件,特意在遐园内抱璧堂东南侧建造了"抗战胜利纪念碑"。惜今已不存,只有

抗战胜利纪念碑石基

这个石基见证了昔日抗战胜利纪念碑的存在。

（三）浩然亭

石台往东路分两条，一条是石路，向东北方向延伸，直通浩然亭。浩然亭建在紧挨大明湖南岸的假山上面，呈六角形，亭门朝向西南，正上方有“浩然亭”匾额，两侧木柱上挂着“湖山如画，齐鲁好文”的对联。站在古朴典雅的浩然亭上，明湖美景一览无余。亭下假山南侧临水处刻有“涨渌洪”三字，涨渌洪是涨渌池塘的意思，出自宋代卢祖皋《水龙吟（淮西重午）》中“涨渌池塘，翠阴庭院，归期无据”。另一条路跨过潺潺涓流，就能来到遐园东侧长廊的最北段。遐园东侧长廊与西侧长廊有所不同，属于敞开式的石质游廊，游廊迂回桥榭相接，仿佛是它把遐园镶嵌到了明湖岸边。

浩然亭

（四）遐园文化

遐园既然是山东省图书馆建馆的地方，那肯定少不了文化的传承。"湖山如画，齐鲁好文"这副只有八个字的对联是对遐园人文风光的高度概括，现挂于浩然亭上。

昔日，园西有竹篱，青条攀于篱间，篱间小门挂有"和风飞清响，时鸟多好音"的楹联，现挂于苍壁亭上。此联出自魏晋时期陆机《悲哉行》，由中国近现代著名书法家于右任所书，它生动地描写了遐园微风、枝叶和鸟儿奏出的美妙音乐。明漪舫正门有"在地竹阴清若水，向人山气古于天"的对联，此联意为"竹子的阴影洒在地上，好像水那样清凉，面对山峦云雾之气，犹如苍天那么古远"。

1. 遐园碑刻

园西长廊里的九幅碑刻分别是唐代张旭书《李青莲序》《北清秋赋》，明代董其章书《华林茅氏家传》，唐代林宽作、宋代米芾书《省试腊后望春宫》，唐代李邕书《法华寺碑》，东晋王羲之书《佛遗教经》，唐代颜真卿书《竹山连局》，清代阮元摹刻《石鼓文》，元代赵孟頫书《胆巴碑》，汉末诸葛亮作、宋代岳飞书《前后出师表》。

诸葛亮的《前后出师表》为什么岳飞要抄写呢？这里面还有一段感人的故事。明湖风月丛书之《大明湖楹联碑刻》记载："绍兴戊午秋八月望前，过南阳谒武侯祠，遇雨遂宿于祠内。更深秉烛细观壁间，有贤所赞文词诗赋及祠前石刻二表，不觉泪下如雨，是夜竟不成眠，坐以待旦。道士献茶毕，出纸索字。挥涕走笔，不计工拙，稍舒胸中抑郁耳。岳飞并跋。"意思是：南宋时期大名鼎鼎的岳飞于南宋绍兴八年，也就是公元 1138 年，带兵渡江痛击金兵。8 月 14 日这天，岳家军路过南阳的卧龙岗，岳飞便带着牛皋等人去武侯祠拜祭。当天夜里，乌云压顶，紧接着大雨倾盆。岳飞无奈下令，安营下寨，在武侯祠过夜，明天天亮雨停再行军。岳飞一向对诸葛亮十分敬畏，所以首先在大殿给诸葛亮焚香礼拜，磕了仨头，然后闲暇无事就到院子里去转转，看到院子里有许多历代名人写的一些诗文。岳飞不但武术好，而且能书善写，所以越看越激动，越看兴致越高。当看到一块宋朝以前的石碑时，岳飞驻足不前了。这块碑由二十一块小石碑，一共一千三百余字组合而成，上面工工整整刻着诸葛亮的《前后出师表》。岳飞看了一遍又一遍，最后淌下来的眼泪打湿了胸前战袍。牛皋说："大帅你怎么了？《前后出师表》你都会背诵，怎么还看哭了？"岳飞一听，长吁短叹："哎，贤弟，你哪里知道我看到《出师表》，想起了诸葛亮，又想起我自己呀？我们这次出师，连收数州，攻必取，战必胜，连连报捷，先生那次出祁山时，也是连连告捷，马上就要成功，最后后主一道圣旨，错失良机，岂非千古恨事？"其实在这一点上，岳飞和诸葛亮有些类似，岳飞也是差一步就大功告成，被十二道金牌召回功亏一篑。正当岳飞感慨万千的时候，武侯祠里的小道士拿出文房四宝，请岳飞给题词留念。岳飞心里有万语千言，可是难抒胸臆，不知道从何处说起。于是提起笔，一气呵成抄写了一遍诸葛亮的《出师表》，写好才似得到了一丝安慰，最后意犹未尽，又写下了"还我山河"四个大字。岳飞文章写得好，字写得也漂亮，《前后出师表》，一气呵成，写得是淋漓酣畅，龙飞凤舞，字体笔画或大或小，或轻或重，或粗或细，或急或直，挥洒纵横，如快马入阵，令人联想起岳飞驰骋疆场的英武之气。后来小道士请人把这字刻到石头上，镶嵌到墙壁上，也成为传世之宝。这就是岳飞南阳书写《出师表》的故事，也就是为什么碑刻上有岳飞书写的《前后出师表》了。

2.临唐李当涂小篆谦卦之碑

　　退园内除了长廊上的碑刻，还有一块嘉靖丁酉夏五之朔济南知府咸宁司马泰谨书的珍贵石碑——"临唐李当涂小篆谦卦之碑"。谦卦是《易经》六十四卦之第十五卦。意思是说："做事谦恭的人，什么事情都能始终如一的谦虚，天道有尊者的'谦'，地道有卑者的'谦'，无论在哪个位置，都应该以谦处事。在'满亏复始，高低流转'中展示各自的'谦'，'满招损，谦受益'，告诫要居安思危，平行善恶。"

为了更好地保护好这块近五百年的石碑，园林工作人员在 2021 年进行了修缮，并使用玻璃罩给封闭保护了起来。

（五）遐园人气

遐园小溪纵横，山上有亭，山下有塘，溪上或桥或石，桥旁溪边垂柳生，修竹郁森，翠柏葱绿，亭台廊榭隐于其间。依山凿池，池中有荷莲，鱼儿穿梭，好不快活。新时代下的遐园，不仅景色优美，文化浓厚，还成为古装、婚纱摄影和研学、拓展活动圣地。

遐园北临湖水，水光潋滟，芙蕖映绿；西侧"奎虚书藏"，回廊壁刻；南面山水辉映，荷莲争艳；东有丹坊曜日，廊亭有致。它将山、水、花、木、亭、台、廊、堂全部呈现给了济南，所以特别受新人们喜爱，成为婚纱照外景的优选。

遐园广场

　　遐园古色古香的园林风格，更是古装爱好者的天堂，一把团扇、一把油折伞在遐园亦是完美的搭配。遐园独有的景色、历史以及诗词文化，成为研学游的理想之地。

　　"游"有美丽的景色和"网红"打卡地，"学"有厚重的历史和诗词文化。自从 2017 年年底大明湖实施"明湖秀"水景表演和"一湖一环"景观亮化工程以来，夜晚的大明湖灯光璀璨，美不胜收，遐园一改以前夜晚没有灯光，只有月光照明的景象，树枝上、草地里、小溪边、亭台旁到处是彩色的灯光，"江北第一园"增加了现代气息，适应了现代人的习惯，吸引了不少游客。因为山东省图书馆旧址是遐园，所以现在山东省图书馆用于视频推广重要渠道的视频号，就叫作"遐园时光"。

（六）遐园研学

　　济南大明湖遐园研学之旅应该是一次充满历史与文化的探索之旅。漫步在遐园内，不仅可以欣赏到古典园林的韵味，还可以深入了解济南的文化内涵。遐园历经了济南清末半殖民地半封建社会的近代屈辱，北伐战争、土地革命、抗日战争、解放战争时期的苦难，新中国成立后，中国人民从此站起来成为国家主人的当代繁荣。你在欣赏美景的同时，也要深入了解济南的历史变迁，才能更好地感受这座城市的魅力与韵味。

遐园诗词

　　历代文人墨客也曾在遐园留下著名的诗句，具有代表性的有清代李宗昉《遐园有感》："十年不到此园亭，芳草如茵石径清。树影参差风篁动，湖光潋滟水波明。当年歌舞人何在，今日凄凉草自生。独坐亭前思往事，闲云野鹤自飞鸣。"这首诗表达了作者对遐园十年变迁的感慨，通过描绘芳草、石径、树影、湖光等景色，呈现出遐园清幽宁静的氛围。

　　清代翁方纲《游遐园》："古木苍苍石径斜，春风送暖入帘纱。游人到此皆留醉，不羡蓬莱与阆华。"这首诗以游遐园为主题，通过描绘古木、石径、春风等景色，展现了遐园的清幽与美丽，同时表达了游人对遐园的喜爱和留恋之情。这些诗词作品不仅描绘了济南遐园的美景，更传承了济南的历史文化，成为后人研究和欣赏的宝贵财富。了解和学习中国诗词文化也是明湖诗旅研学游的重要内容之一，沉浸式地用诗词作为引导，感受不同时代遐园的独特建筑、鸟语花香和人文历史。

遐园作为诗词研学的重要组成部分，特别是在自然景观类型方面与许多中小学生课本里的诗词有异曲同工之处。小学课文里的《望洞庭》《忆江南》《独坐敬亭山》《枫桥夜泊》，初中课本里的《夜雨寄北》《钱塘湖春行》等与上面的诗词，都是让人在欣赏美景的同时，能感受到诗人的情感与心境，从而生出深深的共鸣和感悟。同时也提醒我们，要与自然和谐相处，尊重并保护我们共同的家园。

二、书香奎虚

"奎虚书藏"楼

从遐园西北长廊，穿过挂有"山东省图书馆"匾额的月亮门，映入眼帘的是一个普华庄重的红色建筑"奎虚书藏"楼。

在这里不仅可以学习诗词和领到诗词研学游纯手工省级非遗"雕版印刷"制作的文创产品"雅游"手札，还能跟随导游的讲解，了解那段国仇家恨的日军侵华历史和图书馆发展的艰苦岁月。

（一）"奎虚书藏"简介

　　"奎虚书藏"楼，位于山东省济南市历下区大明湖路 257 号，北临大明湖，东临遐园，原为山东省立图书馆藏书楼，现为山东省图书馆尼山书院。1934 年 3 月开始兴建，1935 年 10 月竣工，1936 年 12 月 13 日举行落成典礼。"奎虚书藏"楼作为省级文物保护单位，2021 年入选第一批山东省革命文物名录。一方面具有很高的历史文化价值，需要用"绣花功夫"进行不断修缮，尽量不改变其原状，体现真实性和完整性。另一方面，其承载的红色革命文化和优秀传统文化，需要进一步活化利用，打破长期以来"重保护轻利用"的思维定式，坚持"科学统筹、全面协调，保护第一、安全适用，合理利用、谨慎拓展，挖掘特色、提升价值"的基本原则，以科学发展的活化利用理念推动历史建筑真正活起来，让更多的活化利用成果惠及民生。

　　"奎虚书藏"楼占地面积 1218 平方米，整体呈"山"字形，造型独特，"山"字在这里较好地传达了山水设计理念，呼应了"山东""千佛山"等重要的地理、人文信息。

"山"字楼

该建筑坐西朝东，红砖砌墙，平顶，钢筋混凝土结构。建筑顶部女儿墙做叠落状马头墙处理，正中为"奎虚书藏"四个大字。门额由近代著名藏书家、清代翰林傅增湘题署，意在涵盖齐鲁之精华。

（二）"奎虚书藏"楼的往事

"奎虚书藏"楼对于济南、山东乃至全国来说都有非常重要的历史意义。它见证了从 1936 年经过两年辛苦建造顺利竣工，到 1937 年日本侵华战争全面爆发，再到 1945 年艰苦卓绝的抗战最终取得胜利，再到 1949 年国内解放战争结束，新中国成立，图书馆重新正式开馆，再到 1984 年图书馆新楼启用，再到 2009 年大明湖扩建拆除使用了 25 年的图书馆大楼，再到 2012 年图书馆老馆的重新开放，再到 2014 年建立的首个尼山书院创新"图书馆＋书院"模式至今，近 90 年的时代变迁。

"奎虚书藏"楼作为山东省图书馆的起源所在地之一，在每个历史时期都发挥着至关重要的作用。

1．"奎虚书藏"楼的建造

始建于 1934 年的"奎虚书藏"原本是山东省图书馆藏书楼，设计者为德国工程师。

1934 年以前的山东省图书馆建筑在历次战争中，受损严重，无法继续使用。于是，在当时山东省政府主席兼教育厅厅长何思源的大力支持下，由时任山东省图书馆馆长的王献唐主持修建了这座新藏书楼。

1936 年 12 月，图书馆落成后被命名为"奎虚书藏"，其意为"奎星主齐，虚星主鲁，以二星之分野，括齐鲁之疆域"。为记录建造经过，"奎虚书藏"落成后，王献唐馆长特意邀请曾任济南市财政局长的邢蓝田撰写了《"奎虚书藏"记》碑文，此碑现在"奎虚书藏"一楼大厅北侧。南侧也有一碑，其碑文是宣统元年（1909）山东提学使罗正钧所题写的《山东创建图书馆记》。"奎虚书藏"楼距现在近 90 年了，建造时期的具体情况，根据《山东省图书馆馆史资料编选》记载如下。

（1）建造原因

　　本馆原有房屋先后分两次建筑，一在清光绪三十四年，时湘潭罗正钧顺循，任山东学使，就旧贡院东北一隅，创建本馆，筑楼房平房十所，一藏图书，一贮金石，余为阅览办公之用，其贮金石者，即附设之金石保存所也。至宣统二年，昆明陈荣昌铁人提学山左，复于馆之西偏，商割旧济南中学堂（今为省立民众教育馆）毗连一地，别辟为院，建筑博物馆，共成楼房平房三所，隶属本馆。对外统名山东图书馆，内分图书金石博物三部，由本省提学使兼总提调。两次建筑，均为中式楼房，馆内布置，略如各地名园，亭台水榭，中叠假山。欧美图书馆建造技术，彼时未入中土，清末各省图书馆以建筑而论，固首屈一指者也。①

　　原建书楼，分上下二层，共四大间，署名海岳楼，对面为宏雅阁，内贮金石，上下亦为四间，南北峙立，悬空通以桥廊，由东南引湖水入馆，曲折北来，横亘楼前，过桥转而东北行，盖仿四明范氏天一阁旧制也，当时设计既佳，建筑亦极坚固。入民国后以经费艰窘，无力岁修，渗漏剥落，在所不免，五三惨案发生，城外炮火时向省党部射击，党部与馆接壤，遂遭波及，藏书楼顶经炮洞穿，枪弹贯入书架中者，亦比比是，幸未炸裂失火耳。②

　　民国十八年，省政府由泰安移济，接收之后，曾加修理，以迭经轰震，基础渐摇，百孔千疮，经雨辄漏。十九年夏，城北火药库爆炸，地近本馆，重经震动，楼板逐渐下沉，书莫能载，迫不得已，于楼底两间各加横梁二事，支以铁柱十数，始免危险，终非久计也。先是本馆于十八年后，书籍增加，超过旧存一倍，于原楼数间外，别辟宏雅阁东室贮之，更后阁书亦满，逐月添置，将无地可容，又鉴于书库房屋日敝，乃为重建新藏书楼计划。③

① 王献唐 . 32 "奎虚书藏"营建始末记 [M]// 山东省图书馆 . 山东省图书馆馆史资料选编（上）. 济南：齐鲁书社，2015：68-80.

② 同上。

③ 同上。

（2）工费来源

民国十六年张宗昌督鲁时，曾举办盐引登记额为三百万元，盐商以此巨款非嗟咄可办，得已先向本市各银行垫借，议定日后由盐商团体之东纲公所，按期偿还。其借自山东省银行者，为四十万元，经已偿还四万，尚欠三十六万元。迨国民军入鲁，张氏宵遁，省银行亦随倒闭，盐商以欠该行者为官款，仍按期拨储中国银行，后经教育厅提出，省政府政务会议议决全部盐款三十六万元，拨为购置图书及办理文化事业基金，并由省政府延聘国内名流组织文化图书委员会，时十九年夏间事也。①

此巨额之图书文化基金，既经政务会议确定，时聊城杨氏海源阁藏书方始散出，潍县陈氏万印楼藏印亦欲出售，当局迭次计划收买，并拟在本馆建筑新楼贮之，以馆基稍隘，商由民众教育馆划其后身毗连本馆一地，为新楼基址，且分向杨氏，陈氏接洽。②

（3）工程设计

新藏书楼之建筑，以关系财政建设两方面，于工费确定后，由教育厅何厅长仙槎，邀请财政厅王厅长筱航，建设厅张厅长幼山共同主持，并函请建设厅派员代为设计，当派技佐杨巨斗枢如来馆，就由民众教育馆划归地址，设计新楼。惟事前有一先决问题，即将来楼中书架应用钢质抑为木质，须以书架之质料，定构造之方式。初时拟用美国钢架，将图式绘定后，交由天津两铁工厂估价，最低须一万六千元，全部工程费，除此仅余三万余元，势不敷用，乃决定改用木质。全楼作山字形，共占地二亩六分四厘，分两层建筑，上为书库，下为阅览展览诸室，地板楼顶及一切负重所在均用铁骨洋灰，其载重力除上层藏书，将来可增筑书库至三层。以工程费额有定，第二层只建前面两旁中间俱为一层，亦可随时增筑，总计楼上为六间，楼下为十六间，

---

① 王献唐. 32"奎虚书藏"营建始末记 [M]// 山东省图书馆. 山东省图书馆馆史资料选编（上）. 济南：齐鲁书社，2015：68-80.
② 同上。

正中作大阅览室，足容四百人，其设计图样及施工说明书，略具下方，图样只刊三种，不备载也。①

（4）施工经过

杨技佐设计完竣，将图样说明书等请由财建教三厅长提出，省政府政务会议核阅通过，是年十月教育厅即在本市民国日报、山东日报，登报招标。至十二月二日，就省政府大礼堂，当众开标，并呈请省政府派周参议秀文，莅场监视，计投标商号五家，开出之标额列下。②

兴成工程局	四八、六八四、元二〇
记建筑工程厂	四九、八二〇、元五八
升泰工程局	五一、五八一、元二六
兴永工厂	五三、三七六、元九〇
丰建筑工厂	六三、一〇六、元四〇

开标之后，各家标单，经杨技佐详审核过，结果和兴成工程局列数最低，照章应以该号为中标人，并为郑重起见，由财建教三厅会商组织委员会，办理监修发款及订立合同一切事宜。③

（5）设备内容

本馆原有普通图书、参考图书阅览室二处、书库二处。新楼建成，书库及阅览室均迁移其中，所遗房屋统拟日后辟为砖瓦陶文乐器各展览室。先时所用木器，因建筑改变，多不适宜，且已陈旧不敷。楼中新设展览室研究室多处，亦应分别添置，内需款最多者，为书库书架。原架书籍平排，现拟一律直排，仍用旧制，殊不经济。惟以款额过巨，暂使用原架，其不足者，始添设新架，日后再按月更换。下余各室，凡旧有器具能用者，皆改造刷新用之。

---

① 王献唐 .32 "奎虚书藏" 营建始末记 [M]// 山东省图书馆 . 山东省图书馆馆史资料选编（上）. 济南：齐鲁书社，2015：68-80.

② 同上。

③ 同上。

如阅览桌椅、展览案架，皆一律新制。房屋既广数量亦多，合以他项设备及增筑水沟、警卫室、厕所，经委员会再三估计，共请设备费六千一百五十一元五角五分。造具预算书，呈由教育厅提省政府，于二十四年十月，第四三九次政务会议通过，至本年三月颁发。领到之后即开始动工，并制造器具。完工之后，以新楼尚未验收不便迁入，至十月十一日奉令收工，始迁移布置。[①]

楼下各室入门正中为阅览室，右行首为接待室，次为阅报室，再次为金石文物展览室，为齐鲁艺文展览室，为慎藏库，为阅览部办公室；左行首为报章杂志储藏室，次为研究室，再次为善本书阅览室，为善本书库，为柳氏捐书纪念室，至大门左右，一为询事室，一为夫役室；楼梯下左右二室，一为消防室，一为储存室，楼上凡四书库，中为编藏部办公室。[②] 现在有仔细的市民看到，"奎虚书藏"四个字没有落款，疑问这是谁题的字。其实现在大家看到的"奎虚书藏"四个字是仿品，不是原始的题词。在"奎虚书藏"楼建成时，请当时的国民政府教育部部长傅增湘为此楼题写了匾额"奎虚书藏"。"奎虚书藏"楼历过了多年的战争，匾额上的题词都没有被破坏，但在"文革"时期这个匾额被毁掉了，换成了毛主席题写的"为人民服务"这五个字。"文革"结束后，几经周折又换回了"奎虚书藏"这四个字，直到现在。

2."奎虚书藏"楼的战时经历

"奎虚书藏"楼诞生在战火纷飞的时代，从落成到新中国成立，历经了全面抗日战争和国内解放战争两个战争时期。

（1）抗日战争时期

在这个时期"奎虚书藏"楼作为山东省图书馆的主体建筑，经历了载书播迁、维持开放和举行山东地区受降典礼等重要事件。

---

① 王献唐.32"奎虚书藏"营建始末记 [M]// 山东省图书馆.山东省图书馆馆史资料选编（上）.济南：齐鲁书社，2015：68-80.
② 同上。

①载书播迁

载书播迁指的是，在抗日战争爆发后，为使珍贵典籍文物免遭涂炭，王献唐馆长与屈万里共同选出善本及金石书画精品装了31箱，分别于1937年10月12日至15日、10月23日、12月20日，分三批运至曲阜孔德成奉祀官府内。又从第一次所运10箱中选出宋元秘本、唐人写经、商周铜器、秦汉瓦当、明清瓷器等装成5箱（余留奉祀官府），于1937年12月27日，王献唐、屈万里与工友李义贵三人携载远徙。途经铜山、郑州、武汉，在四川万县停留数月，于1938年11月24日，终将图书文物运至乐山大佛寺天后宫中保存，行程7000余里。在经历了十余年的战火与各种困难局面的考验之后，1950年年底，保存在曲阜、乐山两地的珍籍文物被完好运回故里，王献唐等人受到文化部的表彰。因历史原因，这批珍贵文物分藏在本馆和山东省博物馆。载书播迁不仅保护了珍贵文献不被战火损坏，还对中华璀璨文明和中国传统思想、优秀文化的体系完善，起到了至关重要的作用。这段历史已经有专门研

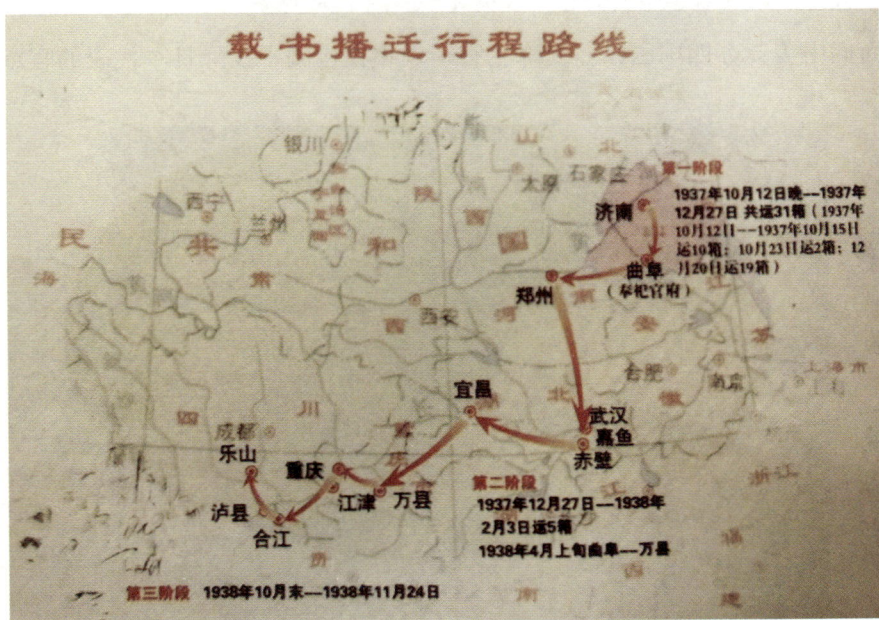

载书播迁行程路线

究的学者和相关学术机构进行了详细的分析、研究和推广。在那段时间，"奎虚书藏"仍然在炮火中承担了为读者服务的功能。

②山东地区抗日受降典礼

抗日受降典礼是"奎虚书藏"楼举行的最为重要的典礼，没有之一。

众所周知，日军是1945年8月15日投降的，南京国民政府的受降仪式是9月9日举行的，青岛的受降仪式是10月25日举行的，而济南的受降仪式则到了12月27日才举办。这是因为1937年12月27日济南城被日军攻破，济南沦陷。特意选择在时隔八年的同一天举行受降仪式，具有一雪前耻、还我河山的意义。

1945年抗战胜利后，为了受降典礼之需要，"奎虚书藏"临时成为国民政府第十一战区副司令长官李延年的司令部，主持受降仪式的李延年就把山东地区日军投降仪式放在了"奎虚书藏"的一楼大厅。根据第十一战区副司令长官司令部印发的《济南青岛德州地区受降纪念册》记述：受降典礼礼堂被布置得严肃壮观，左右分悬"永奠和平"四个大金字，四壁清悬"胜利徽"，上面插中美英苏四国国旗。受降主官李延年在检阅了投降日军代表的官章及

受降仪式

签字后，向签降代表发问道："对命令是否完全了解？"签降代表全体起立，由细川中将答称："完全了解，并绝对服从。"继而摘下佩刀，集体走到受降主官席前行礼，将佩刀献上后，退两步再行鞠躬礼，此即代表鲁省全体日军卸甲投降。①受降礼成，全体观礼官员鼓掌庆祝胜利，李延年作胜利后之演说，特别强调："本日为日本八年前日军攻陷济南之日，今日举行受降典礼，其意义至为重大。"而后，他又当即写下了"我武维扬"四个大字，四字匾额至今仍保存在"奎虚书藏"里面的受降仪式纪念室内。正因为有了这次典礼，现在的"奎虚书藏"楼才成为革命文物建筑和重要的爱国主义教育基地。

（2）解放战争时期

1946 年 2 月，"奎虚书藏"楼又一次改成了国民党联勤总部第四兵站总监部 104 号仓库，所有楼下房间都储藏危险物品，门禁森严。图书馆也随之开始了长达三年的闭关时期，不再对外开放。1948 年 9 月 24 日，济南解放，图书馆被文管会接管。1949 年 3 月 20 日，图书馆正式对外开放，但是只开放了四个阅览室。在那期间完成接受、编辑海源阁图书 32000 余册，及《海源阁善本书目》《海源阁善本书选志》，整理日侨遗济文物和其他仪器、古物标本等，为以后图书文献研究做出了重大贡献，为侵华历史提供了实物罪证。

（3）新中国成立到综合阅览楼开放时期

"奎虚书藏"在战争中迎来了新中国成立。从 1949 年新中国成立到 1984 年 9 月 3 日综合阅览楼搬迁工作完成，正式对读者开放这段时间，"奎虚书藏"楼基本承担了图书馆的所有业务。

因为 1959 年大明湖进行整体改造扩建，按照济南市的整体规划，将遐园除抱壁堂外的所用建筑设施，连同古碑石刻都划拨给了大明湖公园，原有建筑也随之全部被拆除。

后来 1963 年，"奎虚书藏"楼前建造了青砖围墙，彻底将图书馆与公园

---

① 杨曙明 . "奎虚书藏"中值得追忆的历史瞬间 [J]. 春秋，2016：51-52.

读者座谈会

隔开，只有中间部分有飞檐大门相通。在这 35 年里，图书馆历经了基础业务迅速发展时期，历经了"大跃进"图书数量的快速增长和业务精英的错误批判，送书下乡的时期，历经了"文革"除马列及毛泽东、鲁迅著作、"样板戏"图书外，图书馆停止借阅，各项发展处于停滞状态，对外服务处业务形同虚设的时期，直到 20 世纪 70 年代图书馆的部分业务逐步恢复。

　　1974 年，为缓解藏书面积紧张问题，在"奎虚书藏"楼的南侧建造了四层 2000 平方米的书库楼。这极大地缓解了图书馆书籍存放问题，也为"奎虚书藏"楼空出了更多地方进行读者服务工作。这时图书馆设有办事组、采编组、阅览组、借书组（少儿借书在内）、宣传联络组五个部门。"文革"结束到 1984 年综合阅览楼竣工、完成搬迁工作，这个时期是图书馆各项业务飞速发展的黄金时期。在这个时期，藏书量、借阅量、古籍保护、文献整理、读者数量、学术水平等得到了质的提高。然而，带来的问题就是"奎虚书藏"楼的馆舍面积严重不够发展的需要，在这种状况下，又在书库的南面建设了三层的综合阅览楼，与书库相连。

（4）综合阅览楼使用到"奎虚书藏"楼重新开放时期

从 1984 年综合阅览楼投入使用，到 2012 年"奎虚书藏"楼作为山东省图书馆的老馆重新开放这段时间，是"奎虚书藏"楼最没有存在感的一段时间。

这个时期可以分为两个时间节点，一是 1984 年综合阅览楼开始使用，到 2009 年大明湖扩建阅览楼拆除这段时间。在这段时间里，新的阅览楼和大明湖的围廊把"奎虚书藏"楼围在了里面，从外面很难看到它，里面大部分的房间成为特藏书库（古籍书库），只有缩微部、音像部、特藏部（古籍部）在此办公，读者和大部分的工作人员没有特殊事情很少到这里来。

二是 2009 年图书馆绝大多数业务迁至二环东路总馆，到 2012 年老馆重新开放这段时间。在这段时间里因为图书馆的绝大多数业务都迁至到总馆，"奎虚书藏"楼完全作为书库在使用，所以在人气、使用量和存在感方面跌到了历史的最低谷。好在经过多方努力，2012 年"奎虚书藏"楼作为老图书馆的主体建筑开始了对外接待读者工作，人气也正式在那个时候开始慢慢恢复。

（5）老馆重新开放至今

老馆重新开放至今也可以分为两个阶段。第一阶段是 2012 年至 2014 年基础业务逐渐开放阶段。第二阶段是 2014 年尼山书院成立至今这个阶段。

读书堂

在第一个阶段，"奎虚书藏"楼一楼是对外窗口，服务读者，二楼是书库和办公区域，随着对外业务的逐步开展，"奎虚书藏"的人气也慢慢恢复了。

第二个阶段是"奎虚书藏"的辉煌阶段，因为尼山书院的创办为"奎虚书藏"楼带来了巨大变化。在全国大力弘扬推广中华优秀传统文化的大形势下，在全省实施"图书馆＋书院"的公共文化服务模式，以山东省图书馆为试点的机遇下，"奎虚书藏"楼不仅仅作为书库使用，成为传播中华优秀文化的重地。它又以崭新的面貌展示在大众面前，恢复了往日的生机。

"奎虚书藏"一楼的主要职能是图书馆基础服务，包括读书堂、报刊老年阅览室、数字国学室。读书堂的功能是为读者提供借阅服务，之所以把借还和阅览两种功能合为一体，是因为"奎虚书藏"的特殊位置。"奎虚书藏"坐落在大明湖风景区内，有许多读者来源于游客，游客的特点是不可能长时间逗留或经常性前来，更不可能办理借书证，所以为了满足这部分读者的阅读需求，就将借书室和阅览室进行了整合，只要凭身份证就可以在此阅读。读书堂现有藏书近五万册，并每年两次进行图书的补充；报刊老年阅览室是为了55岁以上的老年读者而设立的。因为老年人对报纸和杂志比较喜欢，所以特意将报刊室和老年阅览室合并到了一起，以此方便老年读者。数字国学室其实并不是图书馆的基础业务，而是结合了现代数字科技，以中华优秀传统文化为依托，结合孔庙元素，重点体现儒家文化，情景化地还原传统文化学习场景，主要是为学习传统文化的小朋友设计的，基本上每周都有人文素养、传统礼仪或二十四节气民俗亲子活动。

二楼主要是组织传统活动的场所，包括明伦堂、研修堂、金石保存所和接待室。明伦堂由国学阅展室、道德讲堂和教室组成。道德讲堂会邀请道德模范人物举办讲座。国学阅览室平时利用率不高，为了满足读者学习需要，已经作为自修室在使用。教室主要承担一些高档次的讲座活动，比如国学公开课、红色公开课、名家讲堂、明湖会讲等。研修堂主要供重要会议座谈、交流之用。金石保存所在"奎虚书藏"楼建设之初便设置了，至新中国成立前，一直附设在内。1950 年，金石保存所转由山东古代文物管理委员会管理，随之撤销了山东金石保存所。该所是全国省级地方政府创办的第一所具有博物馆性质的机构，收藏多为山东历史、名贤、艺文方面的金石、书画、碑帖、古籍等。"奎虚书藏"楼为山东金石文物的收集、保护做出了重要贡献。

2014 年建立尼山书院，重设金石保存所，内设孔子及七十二贤泥塑展和雕版印刷体验室。尼山书院雕版印刷项目 2021 年成功入选第五批省级非物质文化遗产代表性项目名录。

雕版印刷是唐宋以来中华民族优秀的传统文化主要传播手段，也是儒家文化、道家文化、佛家文化重要文献的载体。山东省图书馆尼山书院在"奎虚书藏"二楼成立"雕版印刷传习基地"，组织专家学者及传统文化爱好者恢复、传承"雕版印刷"这一传统项目，让齐鲁往哲先贤的思想与智慧，借助雕版印刷的翅膀，流播日广，走向世界，更进一步扩大了"奎虚书藏"楼的社会影响力。

（三）"奎虚书藏"的活化利用

近年来，以习近平同志为核心的党中央高度重视革命文物保护传承，并做出一系列重要部署安排。让历史建筑"活"起来成为历史文化保护共识。作为革命文物保护单位，"奎虚书藏"楼活化利用取得了显著成效，社会效益突出的同时，通过以用促保，实现了历史建筑的基本保护。为落实习近平总书记关于中华优秀传统文化"创造性转化、创新性发展"的要求，"奎虚书藏"楼立足自身优势，积极争取上级主管部门政策支持。2014 年 5 月，山东省文化厅在全省实施了"图书馆 + 书院"的公共文化服务模式，在各级图书馆建设尼山书院，让古老书院在现代图书馆中焕发青春，让藏在图书馆的文献典籍利用书院走近百姓，提高公共图书馆的文化服务能力。

"奎虚书藏"楼充分利用建设尼山书院契机，积极发展儒学讲授功能，完善服务标准，建设专家、书目库，规范授课内容，使尼山书院品牌在"奎

"虚书藏"楼蓬勃发展，为历史建筑在新时期健康可持续保护利用奠定了基础。

1.爱国主义教育基地

　　"奎虚书藏"楼是山东地区受降典礼的举办旧址，所以是爱国主义教育基地。在"奎虚书藏"一楼设有"永奠和平——济南青岛德州受降"展馆，展馆通过大量图片、文物等资料，全面呈现了从抗战爆发到抗战胜利中国受降的历史画卷，系统再现了山东地区特别是济南地区受降仪式经过。

受降展一

　　李延年在 1945 年 12 月 27 日亲笔题写了"我武维扬"的匾额，匾额长 2.75 米，宽 1.11 米，重 140 斤，匾额的正面刻有"我武维扬"，背面刻有"计创者第十一战区副司令长官，司令部少将高级参谋黄僖棠，监工者陆军步兵中校赵鼎甲，工程部诚意油漆局，介绍人木作田宝善、赵孝良"的字样。字呈金黄色，但人名除外，姓用的是金黄色，而名用的是暗红色。这正是此碑的特别之处。原匾就存放在展馆之内。

受降展二

2. 传统文化教育基地

　　"奎虚书藏"楼在传统文化教育方面主要有讲座、体验和展示几个方面。讲座类有国学公开课、红色公开课、齐鲁家风家训、人文素养、传统礼仪、淑女课堂、常理举要、雨滴沙龙、明湖会讲等，体验类的活动有省级非遗雕版印刷、二十四节气手工制作。展示类有金石展、孔门七十二圣贤展、木板年画展等其他主题展示。各种活动全年接待人员数万人。

3. "奎虚书藏"的研学资源优势

　　研学实际上就是教育与旅行相结合的一种形式。"研"是基础，"学"是目的，是一种寓教于游的教学新业态。要利用多元资源充分为研学服务，利用优势特点提升研学质量。图书馆研学可以促进学生对社会主义核心价值观的确立，还能增强文化自信，弘扬中华民族优秀传统美德，激发自主学习的动力，发挥馆藏文献社会效能，不断创造新的图书馆服务功能。"奎虚书藏"作为山东省图书馆尼山书院的主体建筑和山东地区受降旧址，对于研学来说有着得天独厚的研学资源。

尼山书院

4. 图书馆优秀传统文化资源优势

　　图书馆是搜集、整理、收藏图书资料以供人阅览、参考的机构，是开展全民阅读最佳的学习场所，是为人们提供阅读资源的平台，所以开展不同空间的阅读研学是图书馆的最大优势，而体验式阅读空间是尼山书院的特色研学项目。

（1）非遗体验空间

　　公共图书馆开展阅读推广活动的本质是为了引导大众回归到阅读本身。非遗融入体验式阅读空间，可以为群众提供多维度、个性化的文化感受，更好地让人们通过在非遗空间，体验理解和感知中华优秀传统文化，使读者自发地从内心去阅读，从而提升公众阅读效率。新时期非遗融入公共图书馆阅读推广建设逐渐成为一种趋势，这对公共图书馆阅读推广的理论研究和非遗保护与传承创新均具有重要的意义。而且非遗体验空间能为公共图书馆发展阅读推广提供新视角和新领域，既丰富了阅读的载体，延伸了阅读推广的触角，还可以激发读者的阅读兴趣和阅读行为。山东省图书馆尼山书院为读者打造的非遗空间是以山东省图书馆作为保护单位，成功申报中华传统礼射和雕版印刷两项省级非物质文化遗产名录而打造。

（2）中华传统礼射

　　中华传统礼射体验空间取名叫"奎虚射圃"。奎虚射圃既是礼射研习的场所，又是山东省图书馆打造的非遗体验空间。

　　中华传统礼射在山东省图书馆省级文化平台的助力下，经过几年的发展，成功入选省级非物质遗产名录。中华传统礼射是儒家六艺之一，起源于商周时期，具有悠久的历史底蕴和文化内涵，是礼、乐、射三种文化的集中体现方式。礼射"以艺载道，射以修身，饰之以礼乐"，讲究内志正，外体直，安详大雅；未曾习，射先习礼；不求急中，先求合法；发而不中，反求诸己，正射必中；礼射始于学礼，终于习礼。礼射是在严格的射法、礼仪规范下所进行的，既具有修身、壮体和教化功能，又集祭祀、观德、游戏和比赛为一体的有仪式感的射箭行为。公共图书馆作为传播传统文化的公共服务平台，有责任把读者喜爱的非遗项目放入体验空间，将中华传统礼射和阅读推广结合，通过空间体验把中华优秀传统文化生活化、习惯化。

礼射

中华传统礼射体验空间具体有四类体验方式：一是针对少年儿童的礼射体验，少儿礼射体验是让孩子在学习礼射的过程中知道在生活中要懂得规矩，了解一些基本礼仪，培养对事物的专注力；二是针对成年人的礼射体验，成人礼射体验，立足礼射空间组建了奎虚礼射队，在展示中揖让而升、从容撒放的奎虚礼射风采，完善了射器、射法、教学、比赛等奎虚礼射体系；三是礼射结合民俗的体验，礼射和民俗同是中华优秀传统文化的重要组成部分，两者结合体现了礼乐教化的育人功能和娱乐民众的参与职能；四是射礼展示，在重要的日子或重要的活动都会进行射礼展演。每次展演都能体会到《礼记·射义》中"孔子射于矍相之圃，盖观者如堵墙"的感觉，让读者通过视觉、听觉、触觉感受传统文化的魅力。

经过几年不断的努力，山东省图书馆尼山书院利用礼射空间推广优秀传统文化，组织非遗阅读体验活动，真正让书本里的文字"活"了起来，用身体感受知识和文化的传递。

（3）雕版印刷

自 10 世纪下叶开始，儒家经籍和文人学士文集的出版开始采用雕版印刷技术，从此往后的千年左右，木版书籍成为华夏文化学术的主要传播和传承方式。

雕版印刷是传统手工技艺的典型代表，它集学术与技艺于一体，其独特的刀味与木味使它在中国文化艺术史上具有独特的艺术价值与地位。山东省图书馆尼山书院为使读者能更好地了解体验这项列入省级非物质文化遗产名录的古老技艺，特意在尼山书院二楼打造了雕版印刷体验空间。

空间由展示区和体验区两部分组成。展示区是为读者了解雕版印刷而打造，展示的内容有各种民间、民族和地域特点的雕版，有用不同装订方式手工装订的成书，有各种用途的纸张、雕版工具和调色染料，有中外各种不同雕版技艺印刷成的纪念品，还有雕版印刷的历史人物。体验区是为读者动手体验而打造的区域，在这个区域读者可选择不同的主题雕版和颜色，进行印刷体验。特别是小朋友缓缓从雕好的板子上，揭下亲手印刷的作品时，脸上充满了按捺不住的喜悦和成就感。

雕版印刷体验空间在各种节日和重要场合都会组织雕版印刷体验，成为

雕版印刷

夏令营、冬令营及团体学习传统文化的重要空间，获得众多读者的青睐。

（4）民俗活动体验空间

民俗又称民间文化，是指一个民族或一个社会群体在长期的生产实践和社会生活中逐渐形成并世代相传、较为稳定的文化事项，可以简单概括为民间流行的风尚、习俗。[①] 而中华民族有着悠久的阅读历史，所以尼山书院的体验式阅读充分利用了民俗这个特点，设计了民俗体验空间。这个空间是由室内区域和室外区域组成，室内区域主要组织益智类、手工类和活动范围不大的体验活动，室外区域主要组织运动类、竞技类和活动范围大以及产生声音较大的体验活动。

在民俗活动体验空间开展的各类体验式阅读推广活动有尼山书院猜灯谜活动。正月十五元宵节又称上元节，是中国传统佳节中非常重要的一个节日，猜灯谜是这个节日传统的习俗。尼山书院猜灯谜活动最大的特点是原创和书写，尼山书院所用谜语都是原创谜面，包括猜字谜、猜地名、猜诗词名句、猜开国十大元帅等种类，这样搜不到谜底的谜语大大提升了猜灯谜的趣味性，想获得奖品就要比谁的知识储备更多，谁的脑子更加灵活了。书写指的是，尼山书院所用谜面都是灯谜爱好者亲自动手用毛笔所写，非印刷品，这样可以更好地烘托节日喜庆气氛，还能让更多喜欢书法的灯谜爱好者参与其中，既是猜灯谜，又是书法展。

有奖猜灯谜

---

① 沈嘉达.鄂东影视文化论丛 [M].北京：中国广播电视出版社，2015.

　　清明节又称踏青节，既是传统节日，也是仲春与暮春之交的重要节气，人们往往会在此时节去户外游玩踏青。尼山书院坐落在大明湖畔，享有得天独厚的文旅资源，因此尼山书院在清明时节会在民俗体验空间组织汉服踏青游园活动。端午佳节包粽子也是尼山书院体验式阅读的特色活动之一，在端午期间尼山书院是通过端午射五毒、包粽子的活动，室内空间包粽子品美味，室外空间射五毒祈平安，把祈福和美食结合到一起，在心灵处予以了寄托，在欲望上满足了食欲。八月十五中秋节赏月寄乡思，又称"团圆节"，与春节、清明、端午并称为中国四大传统节日。象征团圆的月饼必不可少，尼山书院在中秋节会组织读者一边欣赏有仪式感的礼仪活动，一边吃着美味的月饼，在亲身体验中感受欢聚带来的喜悦。

　　山东省图书馆尼山书院在民俗体验空间组织民俗系列活动，就是要促进阅读生活化、习惯化。

（5）爱国主义资源优势

　　爱国主义是"奎虚书藏"楼独有的研学资源。在抗日受降旧址进行爱国主义研学活动是非常有意义的。

　　"奎虚书藏"楼设有抗日受降展厅，展厅是按照《受降纪念册》设计布展的，《受降纪念册》封面为深绿色布面，书内装饰精美，每页页眉都印有中、苏、美、英四国国旗，页脚并排着象征胜利的"V"字。它是一本受降典礼内部资料汇编，内有大量关于这次受降过程、接收武器与物资的文字、照片、公文和图表，对当时的受降仪式、接收事宜等记录得非常翔实，文献价值颇高。全书分正文、附录两部分。展厅自 2015 年 8 月开始接待读者至今，已有企事业单位、大中小学校、各机构组织和外籍友人等数万人参观。

　　展厅可以分为五个部分。第一部分是前言部分，对抗日战争做了一个简单的介绍。前言中写道，中国人民抗日战争是世界反法西斯战争的重要组成部分，是世界反法西斯战争的东方主战场。①1931 年，侵华日军发动九一八事变，侵占中国东北，并成立"伪满洲国"，此后陆续在华北、上海等地挑起战争冲突。1937 年 7 月 7 日，日军挑起卢沟桥事变，全面抗战爆发。② 在中国共产党倡导建立的抗日民族统一战线的旗帜下，以国共合作为基础，全体中华儿女万众一心、浴血奋战，赢得了抗日战争的伟大胜利，为最终战胜世界法西斯反动势力做出了不可磨灭的历史贡献。1945 年 8 月 15 日，日本正式宣布无条件投降。9 月 2 日，日本代表在东京湾美国"密苏里"号战列舰签署投降书。9 月 3 日从此成为中国人民抗日战争胜利纪念日，成为世界反法西斯战争胜利纪念日。9 月 9 日，中国战区的受降仪式在南京举行，并将中国受降范围划分为 16 个地区。1945 年 12 月 27 日（适为济南沦陷八周年之日），济南青岛德州地区受降典礼在十一战区副司令长官司令部大礼堂隆重举行，此礼堂即山东省立图书馆"奎虚书藏"大阅览室。山东省立图书馆见证了这一扬眉吐气的庄严时刻，正义获伸，强寇低首 ③，河山光复，群情振奋。为此，图书馆特辟专室展示受降经过，以永奠和平。前言部分用了几个时间节点串联了整个抗日战争时期。1931 年的九一八事变标志着抗日战争的开始，1937 年七七事变拉开了全面抗日战争的开始。现在有许多人经常说"八年抗战"，其实这样说是不准确的。通过前言可以看出抗日战争是 1931 年开始到 1945 年结束的，历经了十四年。七七事变前是局部抗战，七七事变后是全面抗战。

　　第二部分由"同仇敌忾，共赴国难""惨遭蹂躏，损失空前""正义获伸，强寇低首"三个板块组成。"同仇敌忾，共赴国难"板块用卢沟桥事变、庐山谈判、台儿庄战役、八路军开赴山东和山东民众积极参军抗战五幅图片展示了抗日战争爆发后，大江南北，长城内外，全体中华儿女冒着敌人的炮

① 李淮春，杨泽海 . 2018 年考研政治理论复习导本 [M]. 北京：中国人民大学出版社，2017.
② 王域霞 . 形势与政策 [M]. 济南：山东大学出版社，2015.
③ 潘琦，莫仁力，蒋钦挥 . 中国远征军广西籍将士传略 [M]. 南宁：广西人民出版社，2016.

火，共赴国难，无论是正面战场，还是敌后战场，千千万万爱国将士浴血奋战，视死如归，各界民众万众一心，同仇敌忾，奏响了一曲气壮山河的抗击日军侵略的英雄凯歌，用生命和鲜血谱写了一首感天动地的反抗外来侵略的壮丽史诗。[①]"惨遭蹂躏，损失空前"板块背景用的是压抑的黑色，一组组翔实的数据列出了全国抗战损失和山东省图书馆抗战损失，这些数据真实反映了日寇强盗本性的丑恶嘴脸。据统计，全国抗战损失：牺牲军民 3500 余万，约占当时全国人口的 8%；延误了中国至少 50 年的发展；直接经济损失达 1000多亿美元，间接经济损失达 5000 亿美元，相当于当时 277 年的国民政府财政收入。山东省图书馆抗战损失：书籍损失二十三万二千余册；铜器损失大小三百二十余件；砖瓦损失一千二百余件；古陶器损失四百三十余件；有文字古陶片损失一万五千二百余片；字画损失七十余幅；其他如玉器、银器、石器等种种文物之损失不计其数[②]；二十余年之收藏，忽然废于一旦。细心的读者可以发现，在山东省图书馆抗战损失中为什么记录了类似铜器、陶片、玉器、石器、银器等非书籍文献类的损失情况呢？原因是山东省博物馆成立于 1954年，之前的文物都是由图书馆的部门来收藏的，都属于图书馆的馆藏，所以在统计抗日战争损失情况的时候就划入了图书馆损失之列。"正义获伸，强寇低首"板块介绍的是，1945 年 9 月 2 日在美军"密苏里"号战舰上，1945年 9 月 9 日在南京黄埔陆军总司令部举行的受降仪式，以及不包括东北的 16个全国受降区的受降情况。

第三部分展示的是当时在"奎虚书藏"楼里举行受降典礼的情况。首先是用黑底白字概述了整个受降仪式的经过。其次是对当时国民政府最高受降长官李延年中将个人和来济参加受降仪式的简介，以及当时国民山东政府主席、山东省教育厅厅长何思源，当时山东省图书馆馆长王献堂和"奎虚书藏"

① 刘志新 . 百年党史关键词 1921-2021[M]. 北京：人民日报出版社，2021.
② 张书学，李勇慧 . 王献唐年谱长编 1896-1960 下 [M]. 上海：华东师范大学出版社，2017.

楼的简介。再次是受降典礼时中方和日方参加人员的展示，其中有一幅是现在国学讲堂在当时作为传唤室的照片。最后是"受降典礼前副长官部发出之通知注意事项"，其中第四项"勿对日代表有侮辱之言语及行为"和第九项"新闻记者非经许可不得包围降使发问"充分体现了对降使的尊重。在这部分展示中写有"我武惟扬"的展板和日军签降代表寒川吉溢呈献受领证书时向中方鞠躬的展板，分上下挂于展厅的正中央。

第四部分展示的是出席典礼的军政要员、中外记者和1945年青岛受降的情况，受降主官及观礼来宾合影和签字，接受委员会合影和交纳各种武器的图片。这部分的最后用"河山光复，群情振奋"对抗日战争胜利和山东受降仪式进行了总结，让世人牢记历史、珍爱和平。

第五部分是实物展示部分。整个展厅有三组实物进行了展示。

《受降纪念册》

　　实物一，是一本仿制的《受降纪念册》。《受降纪念册》全称为《济南青岛德州地区受降纪念册》，封面为深绿色布面，书内装饰精美，每页页眉都印有中、苏、美、英四国国旗，页脚并排着象征胜利的"V"字。该《受降纪念册》略有破损的封皮，展示了它的历史久远，更显示了它的弥足珍贵。20世纪末，在整理历史文献书库时发现，现珍藏于省图书馆。《受降纪念册》由国民党第十一战区司令部于1945年12月27日印行，是一本受降典礼内部资料汇编，内有大量关于这次受降过程、接收武器与物资的文字、照片、公文和图表，对当时的受降仪式、接收事宜等记录得非常翔实，文献价值颇高。全书分正文、附录两部分。正文包括27项内容：受降主官李延年序、山东省主席何思源序、孙中山遗像遗嘱、中苏美英四国首脑肖像、中国陆军总司令部对日军下达之第一号命令、济青德地区受降各长官、济青德地区受降典礼纪实摄影、受降仪式经过概况、受降典礼参加观礼之各机关首长来宾、济青德受降典礼受降长官暨来宾合影、济青德主持受降长官暨来宾签名、副长官部对日军所嘱第一号备忘录、副长官部对日军下达第一号命令、日军上达之受领证及收据、受降典礼礼堂坐次图暨签字用笔纪念章、受降典礼前副长官部发出之通知注意事项、受降典礼请柬及胜利徽、李副司令长官入鲁主持受降抵济情况、李副司令长官视察青岛、日军交纳之各种武器、日军第四十三军所辖各部队人员实力驻地调查表、日军马匹数量表及日侨遣送报告、日军主要兵器保有一览表（武器）、日军主要兵器保有一览表（弹药）、日军主要兵器保有一览表（器材）。另有《附录》，即《山东省党政接收委员会接收工作报告》，内含四项内容：山东省党政接收委员会全体委员合影、山东省收复地区党政接收委员会报告、接收产业单位统计、接收法则。该仿制《受降纪念册》曾作为礼物定制了一百册，赠送给了前来参观的观众。

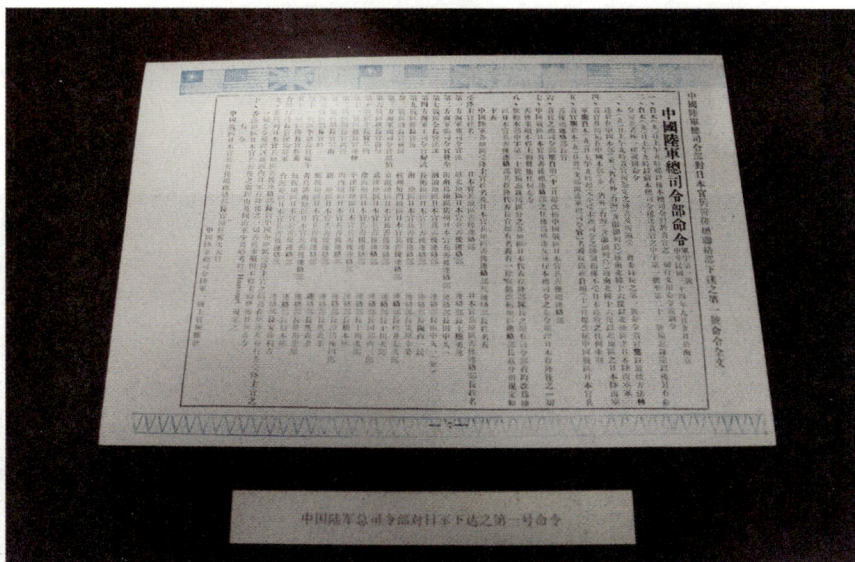

第一号命令

实物二，是三把仿制的日本军刀。三把军刀各有不同，第一把，从工艺和装饰上看像是日本胁差，日本胁差比太刀、打刀和军刀要短一些，大约 30 至 60 厘米范围之间。平时与太刀或打刀配对带于腰间，它是一种备用武器，当主要兵器损毁时才使用。电视中经常看到日本武士一般佩带一长一短两把刀，短的那把就是胁差。胁差也可以作为随身的自卫武器单独携带，一般百姓、市民、商人以及其他非武士身份的人都能佩带。第二把，从样式和长短上看大概是九八式佐尉刀。使用时间在 1938 年到 1945 年期间，日军从中尉到中佐级别的军官，配备了九八式指挥刀，虽然九八式是九四式之后的产物，但只针对中级军官，所以刀上的装饰品比较少，尉官使用的则更显粗糙，刀鞘上只有一层绿色或棕色的油漆，没有多余的装饰件，不过刀柄部分使用了鱼皮材料。刀全长为 100.9 厘米，刀刃长度 60 厘米，厚度 0.79 厘米，刀鞘长度 75.7 厘米，刀柄长度为 23.8 厘米。第三把，从形制和做工上判断，有可能是甲型三二式指挥刀。三二式指挥刀在 19 世纪末期成为日军的制式军刀，还曾在日俄战争中使用过，到了二战，依旧作为日本部分军官和兵种的佩刀，三二式甲型专门配备骑兵部队，军官使用的上面带有更精美的装饰件，士兵使用的则是普通版本，采用金属刀鞘和金属刀柄，没有任何装饰，乙型要比甲型更精美些，一般作为陆军或者海军高级指挥官的佩刀。

日本军刀

　　实物三，是受降主长官李延年中将手书"我武维扬"的匾额。匾额黑底金字，右侧刻有"中华民国卅四年十二月廿七日受降纪念"，左侧刻有"李延年题"，左下有两方已经损坏的印章。"我武维扬"出自《尚书·泰誓》中"今朕必往，我武惟扬，侵于之疆，取彼凶残，我伐用张，于汤有光"。"维"通"惟"，"我武维扬"意为武功强盛，军威高扬，形容威武凌厉、奋发向上的样子，体现了一种威武、必胜的精神。一般解释为奋发图强、扬我国威的意思。此匾能够完好保存至今，图书馆的老员工功不可没。在"破四旧"时期，为了保全这块有意义的匾额，图书馆员工用厚厚的腻子把匾整个泥了起来，然后作为整理图书时的工作台面使用，后来又作为床板使用，直到 20 世纪 80 年代它才重见天日。此匾历经了解放战争时期、"大跃进"时期、"文革"时期、

"我武维扬"匾额

改革开放时期到现在，见证了中国站起来、富起来、强起来的历史变迁。

"奎虚书藏"楼因场地有限，所以展厅的面积并不大，但这丝毫不影响它对世人的爱国主义的教育。展厅再大也装不下中华儿女宁死不屈的民族气节，装不下日寇给华夏大地带来的家国仇恨，装不下抗击外来侵略者所展示的伟大抗战精神。受降展厅就是提醒国人勿忘国耻、振兴中华，激励国人奋发图强、砥砺前行。

（6）诗词文化的资源优势

"奎虚书藏"楼作为山东省图书馆尼山书院的综合性建筑，其诗词文化的资源对研学的优势主要来自"诗词里的山东"诗词讲座。

诗词研学以诗词为依托、以齐鲁文化为主体、以研学体验为方式，实现以文化人、以文育人的教育目标，培育文化精神，实现文化引领。发挥诗词文化的张力，扩大旅游效应，利于进一步提升文化旅游产业竞争力。将诗词文化在旅游产品中活化，提高了目的地旅游资源的内涵，增强了文化创新服务供给，传文化基因、强文化自信，为文旅融合提供了实践意义。

　　"明湖诗旅"讲座作为课堂的延伸，重新将大家熟悉的著名古诗词或是只存在于学术研究资料中冷门古诗词，通过重走作者创作之路的形式，带着词句，故地重游，对诗词进行全新的剖析与理解。以诗词为线索，以景观为载体，沉浸式弘扬中华优秀传统文化，传承古诗词在现代的发展，也是文化和旅游融合的具体体现。

三、古亭名士

按研学路线，要从"奎虚书藏"楼的南侧绕过，经过稼轩祠到稼轩祠码头乘船去历下亭。稼轩祠是明湖新八景稼轩悠韵的所在地，也是明湖诗旅线路上一个重要的站点，所以在介绍历下亭以前，先简要地介绍一下稼轩祠。

（一）稼轩祠

1. 稼轩祠的由来

"稼轩"是辛弃疾的号。辛弃疾（1140—1207），字幼安，山东济南历城人，是南宋杰出的豪放派词人。宋金争战时期，21岁的辛弃疾矢志恢复中原，在家乡率众起义，带领2000余人加入济南地区以耿京为首的农民抗金忠义军，任掌书记。耿京义军失败后，辛弃疾奔赴南宋，历任江阴签判、建康通判等没有实权的地方闲职，但他抗金报国、恢复中原的壮志始终未泯。在报国无门的境况下，写了著名的《美芹十论》，分析抗金形势，呼吁南宋王朝"光复旧物"。辛弃疾与北宋著名的文学家、书法家、画家苏轼并称"苏辛"。辛弃疾与同是济南人的宋代著名婉约派代表词人物，有"千古第一才女"之称的李清照并称"济南二安"。

"稼轩祠"是"辛稼轩纪念祠"的简称。稼轩祠始建于清光绪三十年（1904），原来是为了纪念李鸿章而建的祠堂，后来为纪念南宋豪放派词人辛弃疾，1961年，改为"辛弃疾纪念祠"。1964年，陈毅在游览大明湖时，亲题"辛稼轩纪念祠"匾额。1995年，被济南市政府定为爱国主义教育基地。

2007年，作为大明湖改造扩建工程的重点项目，于其西侧增建西跨院，使整体建筑更加古朴庄重、浑然大气。

辛稼轩纪念祠

2. 稼轩祠风貌

祠院坐北朝南，现有东西两跨院。东跨院为三进院落，两侧对称，整齐典雅，两尊石狮雄踞大门。两侧门柱楹联"烟柳斜阳，归去东南余半壁；云山故园，望中西北是长安"，为马公愚先生所题。一进院东厢房内有毛泽东手书辛词六首。

二进院内楹联"铁板铜琶继东坡高唱大江东去，美芹悲黍冀南宋莫随鸿雁南飞"，为当代著名文学家郭沫若1959年撰书，楹联对辛弃疾的词风、人品作了全面概括而公正的评价。东西两侧回廊镶嵌当代书法家所书辛弃疾词石刻三十二块，大厅迎门处有辛弃疾塑像，四壁悬挂辛弃疾生平事迹展、年谱、行迹示意图等。

三进院内有集山楼，楼高二层，楼上为"稼轩词社"，上下均可观赏明湖风光。西跨院为停云堂，迎门是辛弃疾的线描木刻像，两则对联为集字联"抗金护国艺术豪放，弃疾词才齐名东坡"，集自舒同书写的辛弃疾咏赞文章。东西两侧陈列的是当代书画家颂赞辛弃疾的书画作品。辛弃疾纪念祠作为明湖八景中稼轩悠韵的主体建筑，蕴含丰富的文化底蕴，是济南文化符号的代表。

3. 翠柳屏岛

稼轩祠码头就是因稼轩祠而得名，稼轩祠码头坐落在大明湖的西南岸，东侧是三拱玉带桥连接的翠柳屏岛。

翠柳屏岛

翠柳屏岛位于大明湖南岸的西侧，面积约 845 平方米，因岛上多垂柳，环绕如屏，故得名。诸柳之中，有四株较大，故邻湖人亦称它四棵柳。翠柳屏岛西由玉带桥连接稼轩祠码头，三面碧波环绕，南面有荷田锦簇，叶绿花红，阵阵轻风，吹送荷香，实为消夏赏荷之佳处。

北宋著名理学家周敦颐曾作《爱莲说》曰："予独爱莲之出淤泥而不染，濯清涟而不妖，中通外直，不蔓不枝，香远益清，亭亭净植，可远观而不可亵玩焉！"这是对荷花德性的形容，也是借花喻人，颇为贴切。大明湖有种植荷花的历史，在魏晋时期大明湖北岸一带已经是莲叶田田，荷花争艳了，可谓是"百里荷香"。济南籍宋代著名女词人李清照，观此景后才有了"常记溪亭日暮，沉醉不知归路。兴尽晚回舟，误入藕花深处。争渡，争渡，惊起一滩鸥鹭"的千古名句。

4.集山楼

　　稼轩祠码头西侧是集山楼，集山之名意取集览群山之妙，拾级登楼，凭栏远眺，南见历山，北瞰鹊华，集山之名可谓名副其实。历经沧桑，半壁游廊依然保存完好。面向湖面二楼"集山楼"由明朝唐寅所书。

集山楼

5.九曲桥

　　集山楼以北是只有六个拐的"九曲桥"连接深入湖面的"九曲亭"，其实"九"是表示多的意思。九曲亭又名"藕亭"，九曲亭与历下亭、天心水面亭并称为"明湖三亭"。九曲亭六角攒尖，单檐宝顶，位于大明湖景区稼轩祠北湖畔，与湖岸通过一蜿蜒曲折的石桥相连。

以前济南有个传说，说九曲桥下有个王八湾（王八，指甲鱼），无论天气如何旱，这个地方都不会干涸。王八湾深不可测，常有王八出现，相传下面有海眼，可以连通大海，如果济南遇到天灾大旱，这里就会源源不断地冒出水来。如果济南遭遇天降大雨，又会通过这里将水排入大海。所谓"淫雨不涨，久旱不涸"，保佑济南不受旱灾和水灾。当然这只是个传说。

九曲桥

（二）历下岛

在稼轩祠码头乘坐画舫，大约五六分钟的时间就能来到著名的历下亭岛。提起历下亭，作为济南人没有几个人不知道。大明湖、趵突泉、千佛山是济南标志性的景点，而历下亭却是大明湖的名片。历下亭坐落在大明湖面积最大的岛上，因其南临历山也就是千佛山而得名，亦称"古历亭"。又因历下亭是闻名遐迩的海右古亭，所以人们习惯将整个小岛称为历下亭。岛上除历下亭外，还有蔚蓝轩、名士轩、御碑亭等建筑景观。

历下岛全景

1. 历下亭

（1）历下亭的变迁

历下亭是济南名亭之一，历史悠久，历经沧桑，它的位置也几经变迁。"北海遗踪历下亭，一时诗酒会文星。几番改建名如旧，杨柳看人眼尚青。"这是清代著名诗人范坰所写的一首记述济南历下亭的诗词。在这首诗中，作者道出了历下亭的历史变迁。

根据相关文献记载，历史上历下亭曾经有过三次较大的变迁。北魏到唐代时期历下亭在今天的五龙潭公园西约五十米处。据郦道元《水经注》记载，北魏时期的历下亭在当时大明湖西岸大明寺的净池之上，时称"客亭"，是官府为迎接宾客而建造的。据元代著名地理学家于钦考证，净池就是现在的五龙潭。现在五龙潭公园西立有一块石碑，碑上刻有"古历亭旧址"，这就是历下亭最初建造的地方。据《唐书》记载，天宝元年，齐州改为临淄郡。所以当时历下亭又称"临淄亭"。到了唐朝末年，此亭逐渐废圮。到了宋元时期，历下亭移建于大明湖南岸，又沿用了"历下亭"这个名字。后来虽然屡经兴废，但遗址尚存，明代济南著名文学家李攀龙曾经捐资在原址重建过。那时的历下亭居高临下，湖光山色尽收眼底。清朝历下亭再次变迁，清康熙三十二年（1693），时任山东按察使的喻成龙和山东盐运使的李兴祖购买了乡绅艾氏湖田，并在宋人修建环波亭的废址上，把历下亭重新修建了起来，位置就在现在这个四面环水的小岛上，并题名为"古历亭"。

乾隆十三年（1748）春夏之交，乾隆皇帝游历大明湖时，挥毫泼墨题写"历下亭"三个字。自此，这座千年名亭又恢复了它最初的名字。

（2）历下亭的现状

现在的历下亭岛面积与清代乾隆期间大致相仿，整个岛基本成正方形。历下亭位于岛中心略靠东的位置，坐北朝南，八柱矗立，红柱青瓦，斗拱承托，八角重檐，檐角飞翘，攒尖宝顶，亭脊饰有吻兽，蔚为大观。亭身空透，亭下四周有木制坐栏，亭内有石雕莲花桌凳，以供游人休憩。二层檐下悬挂清乾隆皇帝所书匾额"历下亭"，红底金字。历下亭的建筑风格和手法体现了中国古典园林建筑的独特魅力。作为一座历史悠久的古亭，历下亭位于山东省济南市的大明湖中，因其古朴典雅的建筑风格而备受赞誉。

历下亭

历下亭的建筑风格以木结构为主，采用了八角重檐的形式，给人一种庄重而又不失灵动的感觉。红柱青瓦、朱梁画栋的装饰手法，使历下亭在色彩上显得丰富而和谐。同时，历下亭的檐角翘起，犹如展翅欲飞的凤凰，充满了动感和生命力。历下亭巧妙地运用了空间布局和景观营造，使历下亭与周围的环境融为一体。

历下亭四周环水，环绕着绿柳，形成了优美的自然景观。同时，通过巧妙的空间布局，使历下亭在视觉上产生了良好的透视效果，让人们在欣赏历下亭的同时，也能感受到周围环境的美丽。历下亭的建筑风格和手法也反映了中国古代建筑的传统美学观念，如对称、平衡、和谐等。它不仅是济南市的重要文化遗产，也是中国古代建筑艺术的杰出代表之一。

（3）历下亭楹联

历下亭楹联为清代文人龚易图所题写："李北海亦豪哉，杯酒相邀，顿教历下此亭，千年入诗人歌咏；杜少陵已往矣，湖山如昨，试问济南过客，有谁继名士风流？"龚易图的这副楹联，不仅赞美了历下亭的历史和文化价值，同时也对李北海（唐代书法家李邕）和杜少陵（唐代诗人杜甫）表示了崇高的敬意。楹联的内容深沉而富有诗意，体现了龚易图对济南历史文化的深刻理解和热爱。上联描述了李邕在历下亭设酒邀友，其豪情壮志使历下亭成为诗人歌咏的对象，流传千古。这不仅是对李邕个人的赞美，也是对历下亭历史地位的肯定。下联则表达了对杜甫的怀念和对济南文化传统的思考。杜甫虽已逝去，但济南的湖山依旧，龚易图以此设问，询问是否有新的名士能继承这种风流传统，这既是对杜甫的敬仰，也是对济南文化未来的期待。这副楹联以其深沉的历史感、诗意的表达和对济南文化的热爱，成为历下亭楹联中的经典之作，让人们在欣赏历下亭美丽景色的同时，也能感受到其深厚的历史文化底蕴。

历下亭北面悬挂"历亭千秋"匾额，意思是让历下亭的历史和文化得以永续传承，为后人留下更多的文化遗产和精神财富。

2. 蔚蓝轩

　　亭西偏南，筑土垒台，建轩宇三间，轩西为宽阔的水域，晴空下，天光水色一派蔚蓝，故题额"蔚蓝轩"。

　　"蔚蓝轩"匾额和内柱楹联"蔚秀倚栏凭水色，蓝荫对镜鉴天光"是欧阳中石先生1997年前后应邀为大明湖历下亭所撰题。这句楹联描绘了站在历下亭的蔚蓝轩旁，依栏欣赏水色美景的画面。水色蓝荫，意味着水的颜色呈现出深浅不一的蓝色，给人一种宁静而深邃的感觉。对镜鉴天光，则是指水面像镜子一样反射出天空的光芒，形成美丽的倒影。整句诗通过细腻的描绘，让人感受到大自然的宁静与美丽。

　　外柱楹联是"凿壁开窗，最可喜雪霁南山，霞明东海；皮床枕水，有几个春宵听雨，秋月弹琴"。这副楹联意境深远，细细品来美不胜收，大到抒发了对大明湖、济南甚至山东美景的感情，小到描述了个人内心不同环境、季节的感触。上联比是观远景。临湖阁两层，四壁开窗，于上可见南山雪霁、东海霞明。雪后之南山是美丽而壮观的。群山竞秀，高阁亭台、梵宇僧楼，均笼以皑皑白雪，一切皆似冰雕玉砌，神妙至极。凝目细品，神话般的景象便会呈现。每座山都有自己的形象，诸如蚰蜒山似玉龙腾飞，金鸡岭似晨鸡啼晓，马鞍山似骏马奋蹄。还有其他

蔚蓝轩

诸山，若展开想象的翅膀，那就想什么似什么了。霞明东海之景观也令人神往。山东为半岛，探于海中，海中水汽蒸腾，清晨东方故常有彩霞。济南誉称泉城，水盛，植被丰厚，绿茵铺地，再加清新之空气，蔚蓝之天空，映衬得彩霞更加漂亮。植被形亦美，有像缕缕轻纱者，萦绕回环；有像匹匹锦缎者，随风翻卷；有像座座绿屿者，散落在万里碧波间。下联比是听近声。若在临湖阁或蔚蓝轩内放一张床，枕水春宵听雨，秋月弹琴，那是极富诗意的。当春雨淅淅沥沥地洒下，躺在床上聆听，你便会欣赏到各种不同的声韵。若是雨点滴在湖水中，你听到的是圆润叮咚之声；如果雨水滴在房瓦上，听到的又会是清脆铿锵之声。岛上积水流进湖中时，听到的便是哗哗啦啦之声。再要是阵风吹来，众多柳枝上挂着的串串水珠，一齐落下，唰啦一声，犹若琴师用手在数根琴弦上用力一抹，各种声音糅合在一起，合奏成一种神奇的声响，给人一种悲壮的感觉。至于秋月弹琴更是一种雅事，明湖月夜，笙箫琴瑟之声自古有之。

现在的蔚蓝轩成为接待重要人物的场所，也是大明湖景区核心组成部分之一。作为一个众多泉水汇流而成位于繁华都市中难得的天然湖泊，作为一个引得历代文人前来凭吊、吟咏的历史悠久的秀丽自然景观，有许多国家领导人和各界名人前来游览。

乾隆皇帝下江南，在济南居住时，曾有两次就居住在蔚蓝轩内。蔚蓝轩门前两棵海棠枝叶茂盛、绿意盎然、争相斗艳，如同两位历经岁月洗礼的守护者，默默地守护着它。

3. 名士轩

亭之北有大厅五间曰"名士轩"，正厅三间，耳房两间。正厅为历代文人雅士宴席之地。

1911年春，清末书法家朱庆元为名士轩题写匾额。"名士轩"三个字，其中"名"字多写了一个点，"士"字多写了两个点，寓意是济南的名士比

名士轩

其他地方多一点。

名士轩的抱柱楹联"杨柳春风万方极乐，芙蕖秋月一片大明"是著名文学家郭沫若题写，描述的是在春天的杨柳和微风中，万物得以生长和快乐，而在秋天的月光下，莲花（芙蕖）晶莹剔透，给人一种清澈纯净的感觉。这句话描绘了一幅自然景象，通过春天杨柳的生机勃勃和秋天莲花的宁静美好，来表达一种理想化的世界，让人感到宁静和愉悦。

轩内西壁嵌唐代天宝年间北海太守、大书法家李邕和大诗人杜甫的线描石刻画像，北壁嵌自秦汉至清末 15 位祖籍济南的名士石刻画像，分别是明代著名诗人边贡、元代著名史学家张起岩、元代著名学者张养浩、唐代求法高僧译经大家义净和尚、汉代传经大儒伏生、战国大思想家邹衍、金代著名散曲家杜仁杰、南宋杰出词人辛弃疾、宋代杰出女词人李清照、明代著名学者于慎行、明代杰出诗人李攀龙、明代戏曲大家李开先、清代著名小说家蒲松龄、清代杰出诗人王士祯、清代著名学者张尔岐。

东壁嵌有清代诗人、书法家何绍基题写的《历下亭》诗碑。轩内楹联为"镏略班艺虞志荀录伊昔有怀交相欣勖；瀑水怪石杉月桂风平生所爱尽在其中"。楹联大概的意思是，描述一些人或事物对过去美好时光的怀念，对自然景观和生活中所喜爱事物的热爱，这种感觉可以让人感到愉快和满足。

选内西侧放有雕莲一石桌和雕钱四石凳，因乾隆皇帝曾使用过，现已是国家二级文物。已设有隔离带，游客禁止接触。正厅的两侧是稍小的两间耳房。轩前一排四株海棠，花季盛开，沁人心田，满岛清香。

4. 历下游廊与碑亭

历下亭南面游廊前是历下亭岛的大门，门两侧楹联为杜甫的著名诗句"海右此亭古，济南名士多"，是清代诗人、大书法家何绍基的手书。门上悬红底金字"海右古亭"匾额一方。

大门西侧有御碑亭，红柱亭瓦，四方尖顶。与西游廊相连，亭内立有清乾隆十三年（1748）乾隆皇帝所撰写的"历城周廓十二里，大明湖乃居其半。平吞济泺众泉流，远带齐鲁诸那县。泛舟初入鹊华堤，烟水苍茫迷远岸。鸢鱼上下各逍遥，花木周遭相明绚。演漾绿蒲隐钓矶，缥缈白云临古观。应接无暇有余乐，水亭清雅陈笔砚。便教乘兴一挥毫，苔华记予初所见"石碑，名曰《大明湖题》。石碑原立在司家码头处的水面亭，咸丰九年（1859）重

游廊

修历下亭时移至此处，至今仍保存完好。大门东侧有横卧石碑，上刻"历下亭"三个字，也是清乾隆皇帝的御笔。

卧碑前有一株古柳被石栏围起，古柳斜倚岸边，枝干均已枯朽，却又枯木重生，于枝干外皮处萌生嫩枝。这是一棵约有220年树龄的旱柳，是三级保护树木。它就像一位老者守护、陪伴着这个大明湖上的小岛，伸出的枝干仿佛在与每一位上岛游客打招呼，又像在招呼对岸的游客来岛一观。

碑亭

游廊东西相连一木、一石两间房，东面八角石房名曰"天福轩"，现为历下岛工作人员办公区域。西面船形木房现在作为水上救援物资仓库使用。

5. 历下秋风

整个岛上绿柳环绕，亭台轩廊错落有致，修竹芳卉点缀其间。春天，翠柳笼烟，碧波轻舟；秋日，湖水荡漾，荷花溢香，湖光水色，空明澄澈，秀丽得让人心醉，典雅得令人肃然。此景也被称作"历下秋风"，为古时济南八景之一。历下秋风描述的是大明湖畔的景色。历下秋风之"历下"，指的是历下亭，不过其得名时，亭尚在湖南畔的高台上，因"每到秋天，台下树木萧瑟，湖边芦苇摇曳，站在亭上，眺望无边秋色，感受秋风飒飒，寒意阵阵，古人谓之'历下秋风'"。

6. 历下亭逸事

唐玄宗天宝四年（745），著名诗人杜甫到临邑看望他的弟弟杜颖，路经济南，与当时任北海（今山东青州）太守的李邕（字泰和）同游大明湖，并

历下亭

宴集历下亭，把酒论文。席间杜甫即席赋诗一首《陪李北海宴历下亭》。这次宴饮、赋诗历下亭，使这海右古亭从此声名远扬。而"海右此亭古，济南名士多"的楹联，千百年来成为济南的骄傲。

康熙三十二年（1693），蒲松龄作《重建古历亭》诗一首："大明湖上一徘徊，两岸垂杨荫绿苔。大雅不随芳草没，新亭仍傍碧流开。雨余水涨双堤远，风起荷香四面来。遥羡当年贤太守，少陵嘉宴得追陪。"蒲松龄以古喻今，遥忆盛唐时李邕杜甫的历下亭盛会，寄托了自己的感慨。

历下亭不仅是历代文人骚客咏觞的佳境，也曾经是山东革命家活动的胜地。1919年，中共创始人之一的王尽美曾在这里利用《长江歌》的曲调填写新词，进行抗日宣传，还在这里组织了学生暑假讲演团。此后又与邓恩铭等多次在这里聚会，商讨革命大事。1957年周恩来总理，1978年5月时任中共中央政治局常委、副主席的李先念，1988年8月19日时任上海市委书记

的江泽民同志，1989 年 5 月 28 日柬埔寨国家元首西哈努克亲王及夫人，1991
年 10 月 7 日朝鲜国家主席金日成，1994 年 9 月 10 日时任中央政治局常委、
中央书记处书记、中央党校校长的胡锦涛同志等都曾来到大明湖历下亭参观。
毛主席在 1952 年 10 月 27 日还曾在大明湖游船参观过。

7. 历下亭的研学资源

　　历下亭岛是一处具有深厚历史文化底蕴的名胜古迹。研学资源主要包括
历史文化、自然风光和人文精神等方面。

（1）历史文化资源

　　历下亭有着一千多年的历史，可追溯到北魏时期。这里曾是文人墨客的
聚集地，他们在这里吟诗作画，留下了许多珍贵的文化遗产。通过研学活动，
学生们可以了解历下亭的历史沿革、文化内涵和建筑风格，感受古代文人墨
客的风采。

（2）自然风光资源

　　历下亭所在的大明湖景色秀美，湖光山色相映成趣。学生们可以在这里
欣赏美丽的自然风光，领略大自然的魅力。同时，还可以进行生态环保教育，
让学生们了解保护自然环境的重要性。

（3）人文精神资源

　　历下亭承载了丰富的人文精神，包括儒家思想、诗词文化等。通过研学
活动，学生们可以感受到这些人文精神的力量，提高文化素养和审美能力。
同时，还可以在这里进行团队合作、沟通交流等实践活动，培养自己的综合
素质。

　　在历下亭开展研学活动时，可以组织学生们参观历下亭的历史文化展览，
了解历下亭的历史沿革和文化内涵，可以邀请专家学者举办讲座，让学生们
更深入地了解历下亭的历史文化和人文精神，还可以组织学生们进行诗歌朗

诵、绘画等文艺活动，让他们在亲身实践中感受历下亭的魅力。无论是中小学生课本教材线路，还是济南名士线路，都非常具有代表性。

总之，历下亭的研学资源丰富多彩，既有历史文化底蕴，又有自然风光和人文精神资源。通过在这里开展研学活动，学生们可以深入了解中国传统文化和人文精神，提高自己的综合文化素养。

8. 历下亭相关诗词

历下亭作为历史名亭，历代文人墨客在这里留下了诸多脍炙人口的诗词名句。

最著名的莫过于唐代大诗人杜甫的《陪李北海宴历下亭》了，这首诗主要描绘了杜甫陪同李邕（李北海）在历下亭设宴的场景。诗中，"东藩驻皂盖，北渚凌清河"描绘了李邕在历下亭设宴的场景，而"海右此亭古，济南名士多"则赞美了历下亭的历史悠久和济南的名士辈出。"云山已发兴，玉佩仍当歌"描绘了宴会上人们欣赏云山美景，同时歌舞升平的欢乐气氛。而"修竹不受暑，交流空涌波"则进一步描绘了历下亭周围清新的自然环境，竹子修长挺拔，不畏酷暑，清澈的河水涌动，带来阵阵清凉。"蕴真惬所欲，落日将如何"表达了诗人对自然美的热爱和欣赏，同时也透露出对时光流逝的无奈和感慨。最后，"贵贱俱物役，从公难重过"则表达了诗人对人生无常的感慨，无论是富贵还是贫贱，都被世事所牵绊，难以重游此地。这是一首充满文化内涵和艺术魅力的诗篇，通过对历下亭自然美景和人文底蕴的描绘，表达了诗人对生命、时光、人生等主题的深刻思考。

明末济南诗人刘敕《历下亭》诗写道"不见此亭当日古，却逢名士一时多"，对济南延续了"名士多"的评价。诗中的"不见此亭当日古"表达了对历下亭历史变迁的感叹，而"却逢名士一时多"则展现了当时名士聚集在历下亭的盛况，表达了对文化繁荣的赞美。这也反映了人们对于文化传承和发扬的重视，以及对于名士的崇拜和追求。明万历年间客居济南的诗人张鹤鸣则在"海内名亭都不见，令人却忆少陵诗"的诗句中表达了对杜甫的怀念。

近代散文家、书法家张裕钊写道："活水问源头，七二名泉随地涌；好山排对面，一千尊佛隔城看。"上联写在历下亭处看到的水景清澈如镜，下联写在历下亭看到的山景诸山如屏。

清代著名小说家、《老残游记》作者刘鹗写道："宛在水中央，垂柳当门花四壁；坐看云起处，好山远郊佛千尊。"上联写历下亭的位置和岛上环境，下联写南眺城南好山远景。

"山左有古历亭，坐览一带幽齐之胜；大清当今万岁，是为九年己未所修。"这一名句是出自晚清何绍基之手。上联写历下亭的位置和功能，下联写在太平盛世修复古亭。

清代德保《历下亭》："海右此亭古，依然傍水隈。满湖银浪涌，四面翠岚开。地访名州迹，诗怀老杜才。清幽真可挹，览胜一徘徊。"

清代吴振域《历下亭》："何处轻舟泊，残杨绿不深。波光依枕上，云影没湖心。名士知多少，空亭自古今。清宵有乡梦，仿佛听挐音。"

历下亭风光

　　清代董芸《历下亭》："当年杜老此经过，槛外扶疏长芰荷。莫问济南旧名士，尊前零落已无多。"

　　民国时期陈祥翰《历下亭》："秋色湖亭占最多，寒波蘸碧荻花皤。阮亭老去东痴死，名士济南今几何？"

四、佛山铁公

铁公祠对于一个济南人来说，是应该了解的，1990年前出生的济南人肯定都知道。因为在春游或秋游的时候，大明湖是首选之地，来到大明湖游学是绕不过铁公祠的。铁公祠不仅仅是一个祠堂，它蕴含了丰富的历史知识、人文知识、爱国主义情怀和不屈不挠的民族精神。

明湖风景

（一）铁公祠的历史与组成

铁公祠不单单是纪念铁铉而建的祠堂，还是一个景区，是大明湖公园的园中之园，为典型北方敦厚拙朴的民族式庭院。

铁公祠是为了纪念明朝兵部尚书、山东参政铁铉而建。山东盐运使阿林保在清乾隆五十七年（1792）捐资复建，始建不详。道光二十一年（1841），山东布政使杨庆琛重修。同治三年（1864），济南知府萧培元再修。1949年新中国成立至今，济南市政府进行了多次修缮，遂成现状。1979年被定为市级文物保护单位，2006年升级为山东省文物保护单位。铁公祠南临明湖碧水，北枕幽密松林，环境清幽而又旷远，美不胜收。整个景区呈长条状，占地约6386平方米，以曲廊相绕，是明湖北岸游园的必经之地。铁公祠景区内建有铁公祠、静花堂、小沧浪亭、得月亭、湖山一览楼等知名建筑。

（二）铁公祠全貌

铁公祠西的游廊中间有一个圆形和两个长方形洞门，圆门上有"听荷"二字。"听荷"门内侧是著名的楹联："四面荷花三面柳，一城山色半城湖。"这副楹联是清朝嘉庆九年（1804）山东学政刘凤诰所书。此联明快简洁地描绘了古城济南的柳绿荷香和湖光山色，上联写的是荷与柳，下联写的是湖与山，荷、柳、湖、山遥相呼应，像《老残游记》中所云"尽画了大明湖的绝景"。这副对联更是成为济南名片。

这副对联还有一段故事。嘉庆九年（1804）七月，刘凤诰即将奉调回京任实录馆副总裁，山东第八十七任巡抚铁保邀友人聚宴沧浪亭为其送行。席间，刘凤诰面对良辰美景，脱口吟出"四面荷花三面柳，一城山色半城湖"，众宾赞不绝口，铁保即席挥毫。后人将对联刻在木板上，挂在沧浪亭门柱上。但这副对联后来就不知去向了。

1954年，疏浚大明湖南岸万寿宫（后为山东省省级机关汽车修配厂）院内河渠时，城建规划专家张国梁从淤泥中发现了刻有该名联的两块条石，于是他把这两块条石妥善保存了起来。后来在铁公祠修建时，市政府分管工程的领导想起了这副名联，决定将其镶嵌在西廊洞门两侧，这副名联终于又重见天日。长廊里还镶嵌着张之洞、铁保、翁方纲、阮元等人的书法石刻二十六通，大都是吟咏小沧浪及大明湖的诗文，字体潇洒俊逸，韵致深厚隽永，堪称书苑上品。

（三）佛山倒影

"佛山倒影"石碑在西门的南面，这里是观看济南八景之一佛山倒影的绝佳位置。

关于佛山倒影美景的诗词举不胜举，如："十里秋光玉鉴开，日看千山倒影来。"（清代钟廷瑛《明湖棹歌》）"平涵千亩碧，倒见数峰青。"（清代王初桐《大明湖》）"佛山倒影入湖来，湖上看山日几回。"（清代朱崇道《明湖竹枝词》）"山影堕湖满，舟行岚气通。"（清代周乐《王蕴之约同游湖》）"南山亦靓好，画屏供倒插。"（清代刘凤诰《泛舟大明湖》）

佛山倒影观景处

石碑南有东西长廊，长廊南沿湖岸有石栏作为保护，每个石栏的石墩上都蹲有石青蛙，所有的石青蛙除了两只东西相对外，其余的都是坐南朝北。

是当时制作时的失误，还是有意而为？显然不可能是失误，那为什么会这样设计呢？原来在东西相对的两只石青蛙之间是观赏佛山倒影的最佳位置。这让人不得不感慨设计者的智慧和用心。

（四）小沧浪亭

沿石栏东行，一汪池水环抱着一亭水榭，榭上有一亭，这便是济南著名的小沧浪亭。小沧浪亭坐北朝南，半浸水中，呈长方形样式，歇山飞檐，四面出厦，雕花槅扇饰以四周，外设围廊坐栏。

榭南临湖，榭北围绕一凹字形池塘，湖水穿渠引入，内植睡莲红荷。榭前有一码头，码头上面有一巨石横匾，上写"蒙山雨润"四个大字。在细雨纷飞的时节，站在榭前，远山近湖，烟水苍茫，不正是"蒙山雨润"的景致吗？亭檐下悬挂清代山东巡抚觉罗崇恩题写的"小沧浪亭"匾额。对联为当代书画名家关友声书"垂柳轻摇沧浪外，佛山倒影明湖中"，南面湖光山色，其余三面水池中荷花盛开，小桥流水，莲花溢香，清香弥漫，目之所及，碧波绿影，菡萏映日，如绿漪，似彩霞，别致动人，蔚为壮观。

小沧浪亭的得名

小沧浪亭是清乾隆五十七年（1792）阿林保重修铁公祠时，参照苏州沧浪亭建造的。其名取自《楚辞·渔父》"沧浪之水清兮，可以濯吾缨；沧浪之水浊兮，可以濯吾足"。[1] 因规模较小，故取名"小沧浪"。董其昌所书匾额"沧浪荷韵"和金代元好问撰"环城纳湖月，五柳在门墙"的楹联，悬挂在小沧浪亭的北面，与湖山一览楼相对。小沧浪内亭、池、桥、榭相互映衬，柳丝风荷渲染意境，布局奇巧新雅，境界超凡脱俗，立亭南眺，全湖在目，湖山风光与如画的小沧浪融为一体，令人如醉如痴。

---

[1] 济南市史志办公室.济南泉水志 上 [M].济南：济南出版社，2013.

沧浪荷韵

（五）得月亭

　　小沧浪亭东侧，立有一座红柱重檐八角亭，名"得月亭"，与湖山一览楼同建于1929年。得月亭因"近水楼台先得月"而得名。"得月亭"三个字由中国著名书法家刘炳森所题。老济南常说的八角亭其实和得月亭是一回事，只不过是两种叫法而已，第一种叫法更形象直观一些，第二种叫法更雅致斯文一些。

　　得月亭亭台不大，但是建筑风格颇为讲究，设计延续了中国传统文化的对角和"复数"的吉利数字而成，"八"字在中国不管是民间还是官方都有着浓郁的文化价值，古代建筑采用八角设计的亭台楼阁各地均有，如塔、亭台建筑，均以方形、八角形为多。得月亭古朴而又大气，内外十六根红漆亭柱支撑起这座济南名亭。得月亭区别于其他亭台的地方是，它可以从东西两个方向进亭，西面为正面，亭台外石栏柱上有两个小石狮子分列两旁。亭子正面的楹联是著名画家欧阳秉森题的"翠柳映佛山荷香溢泉城似瞻赵伯驹弟兄画图，名贤留胜迹绝唱启后人若读刘铁云祖孙诗文"。东侧为背面，两棵笔直的松柏立于亭两旁，楹联为篆体书写的"波静佛山观倒影，莲开亭丽湖中央"，这副楹联是著名书法家王仲武撰联并书写的。

得月亭

（六）小沧浪桥

　　小沧浪桥是铁公祠景区内唯一的一座桥，大概也是大明湖现存最古老的桥，据说它始建于清乾隆五十七年（1792），桥南北长约十米，东西宽不到两米，显得格外小巧精致。桥面被游客磨光的石板，仿佛记录着过往的岁月。南北两头的第三个桥柱两侧各雕有一对光滑的小石狮子，小石狮子坐在桥柱上，很是俏皮可爱。小沧浪桥纵贯塘上，将荷花池分为东西两片，两边只有半米高的桥栏雕刻着玉兔、麒麟、凤凰、青龙、仙鹤、白虎和仙鹿等吉祥神兽的浮雕图案，由于年代久远，现在的图案已经很不清晰了。

小沧浪桥

（七）湖山一览楼

　　铁公祠北侧依次是湖山一览楼、铁公祠和佛公祠。湖山一览楼坐落于铁公祠西边曲廊北端，坐北朝南，为古典式二层建筑，上下各五间。民国十八年（1929）国民政府山东省政府主席陈调元主持山东事务时，在此修建了八角亭（今得月亭）及该楼。登楼南望可观赏到碧波荡漾的大明湖全景和染烟含黛的群山。湖山一览楼一楼匾额是萧龙士所书的"荷香村"，现为小卖部，二楼是茶室，登楼宴饮，更添几分雅兴。王仲武所书匾额"湖山一览"悬挂于二楼，出自《大明湖棹歌·湖山一览》："湖山一览共南窗，天心水面满清江。鸥鹭有心多不住，鸳鸯惊起一双双。"

湖山一览楼

（八）铁公祠

　　湖山一览楼曲廊东就是著名的铁公祠。"祠"是供奉祖宗、鬼神或有功德的人的房屋。显然铁公祠不是供奉祖宗和鬼神的，供奉的是对济南有功德的人物。这个人物就是被济南人视为乡土神或城隍爷的铁铉。

　　铁铉（1366—1402），字鼎石，明朝兵部尚书、山东布政使。河南省邓州市三里桥铁家营人。铁铉自幼聪明敏捷，熟通经史。明洪武年间，铁铉由国子生选授礼部给事中，后调任都督府断事。他处事明断，办案公允，颇有政绩，深得太祖朱元璋赏识，赐字"鼎石"。[①]

---

① 翟传海，何梅，赵庆军. 我图尔居 莫如南土 [M]. 北京：团结出版社，2015.

铁公祠

1.铁骨铮铮，铁铉事迹

　　一个外地人，何以被济南人尊为乡土神或城隍爷呢？这还要从明成祖发起靖难之役讲起。靖难之役是建文元年（1399）到建文四年（1402）期间明朝统治阶级内部争夺帝位所发生的一系列战争。

　　当时明成祖朱棣在与建文帝的战争中已经取得了极大的优势，在打到山东济南城的时候，守城将领李景隆已经弃城逃跑了，济南城内只有都指挥盛庸所部，兵力单薄。危急时刻，正在外地为李景隆北伐军运送粮草的铁铉听闻济南危在旦夕，火速赶赴济南，与盛庸歃血为盟，约定死守城池。

　　建文二年（1400）六月八日，朱棣曾令人用箭将一封劝降书射进城内，铁铉见信后随即效仿此法回信一封。朱棣打开一看，见是《周公辅成王论》一文。原来，铁铉意欲借此奉劝朱棣要效法辅佐侄子治理天下的周公，忠心辅佐侄子朱允炆。见劝降不成，朱棣遂下令攻城。而铁铉督众，矢志固守，致使朱棣久攻不下，只好将济南合围。燕王朱棣攻济南这座坚城实属困难，便图谋掘开黄河大堤，引黄河之水水攻济南城。为了济南百姓的安危，铁铉决定以诈降之计，诱杀朱棣。铁铉率众诈降，派士兵在城门上暗置千斤闸，又让守城士卒大哭哀号"济南城快被淹了，我们就要死了"。不久后撤去城楼防御，并派城中百姓长者代替守城军做使者到燕王大营跪伏请降："朝中有奸臣进谗，才使得大王您冒危险出生入死奋战。您是高皇帝亲儿子，我辈皆是高皇帝臣民，一直想向大王您投降。但我们济南人不习兵革，见大军压境，生怕被军士杀害。敬请大王退师十里，单骑入城，我们恭迎大驾！"燕王朱棣不知是计，闻言大喜。出征数日，燕兵疲极，如果济南城降，即可割断南北，占有整个中原地区。[①]因此，朱棣忙令军士移营后退，自己高骑骏马，大张黄罗伞盖，只带数骑护卫，过护城河桥，径自西门（泺源门）入城受降。城门大开。守城军都齐聚于城墙上往下观瞧。燕王朱棣刚进城门，众士卒高呼"千岁到"，预先置于门拱上的铁闸轰然而落，砸烂了朱棣的马头，知是中计的朱棣换马急返，方得幸免一死。逃回大营的朱棣大怒，以重兵围城，铁铉伏在城头，大骂朱棣反贼。朱棣大怒，并用数门大炮轰击城墙，在城池将破之时，铁铉想了一个奇招，那就是心理战，他把朱元璋画像悬挂城头，又亲自书写大批朱元璋神主灵牌，分置垛口，这样燕军丧失了进攻的理由，济南城得以保全。相持之间，铁铉又募壮士，出奇兵，骚扰袭击燕兵，大破燕军。"燕王愤甚，计无所出"。姚广孝向朱棣进言，回北平再图后举，燕军遂于九月四日解围离去。铁铉又与大将军盛庸合兵，乘胜追击，收复德州诸郡县，兵威大振。济南解围之后，铁铉在大明湖天心水面亭设宴，犒赏将士。朱允炆封官赐金慰劳济南守军，又擢铁铉为山东布政使，不久，又加兵部尚书衔，赞理军事协助盛庸准备北伐燕军。得以免受战火的泉城百姓于是称铁铉为"城神"。[②]

① 李天岑 . 南阳名人研究 古代名人卷 [M]. 郑州：中州古籍出版社，2019.
② 王志民 . 山东重要历史人物 第 3 卷 [M]. 济南：山东人民出版社，2009.

（1）铁铉遇害

朱棣夺取帝位后，回兵北上复攻济南，并在河北一带大肆屠杀百姓。到达济南，铁铉死守不肯投降，但终因寡不敌众，城池陷落。朱棣又设伏兵计擒铁铉，铁铉最终在淮南被俘，被押送到京师。明成祖朱棣从此以后一直在夸铁铉，虽然他杀了铁铉，但铁铉是铁骨铮铮，允许称其为"铁公"，为其修建祠堂。

自明代中叶起，当时的官府便先后在华阳宫为铁铉塑像，在纪念铁铉及其他六名为反抗朱棣遇害的人的"七忠祠"为铁铉设立祀位（原址在西门高都司巷以东路北胡同内，胡同就叫"七忠祠"）。山东各地，有许多铁公祠庙，都是祭奉铁铉，济南人更视其为乡土神或城隍爷。乾隆五十七年（1792），山东盐运使阿林保在济南大明湖畔北岸修建了铁公祠，祀铁铉，邓州小东关有明建铁公祠祀铁铉，为避嫌俗称关帝庙。大东关有双忠祠祀铁铉、张巡。邓州龙堰乡闫营村有铁铉遗像墓。铁公祠的修建，反映了济南人对忠于职守、誓死卫城的铁铉的缅怀之情。[①]

以铁铉当时的官职，如果愿意投靠朱棣，肯定是能有一个好前途的。但他最终坚持了自己的原则和信念，即使你的敌人或者对手非常强大，即使你没有获得胜利的把握，但只要你有面对强敌的决心和勇气，你会发现奇迹是可以创造的。历史上对明成祖朱棣的评判不失为一位优秀的帝王，铁铉守护的不见得是谁正统不正统，守护的是心中的道义。当危难之时，总有人挺身而出，因为他们心中存有正义。我们之所以敬重这样的人物，因为在他们身上体现出了正义与道义。难道我们每个人心中不应该有这样的存在吗？

（2）铁铉历史上的评价

历史上对铁铉的评价颇高。

《明史》："燕师之南向也，连败二大将，其锋盖不可当。铁铉以书生

---

① 王志民．山东重要历史人物 第 3 卷 [M]．济南：山东人民出版社，2009．

竭力抗御于齐、鲁之间，屡挫燕众。设与耿、李易地而处，天下事固未可知矣。张昺、谢贵、葛诚图燕于肘腋，而事不就。宋忠、马宣东西继败，瞿能诸将垂胜战亡，燕兵卒得长驱南下。而姚善、陈彦回之属，欲以郡邑之甲奋拒于大势已去之后，此黄钺所谓'兵至江南，御之无及'者也。"①

　　黄道周："铁公名铉，忠瘁英英。督饷不乏，收饬溃兵。婴城自矢，炮烁倾横。幅布外张，缮筑完城。密诱入彀，将次功成。误中马首，脱易跃行。进攻益急，牌悬息征。休养待劳，东昌捷赢。天心何有，势失孤鸣。割燕问甘，忠何惧烹。芳名千古，虽死亦生。"②

　　乾隆帝："其他若景清、铁铉等，或慷慨捐躯，或从容就义；虽致命不同而志节凛然，皆可谓克明大义。"

　　新中国成立后，毛主席在游览大明湖时，参观了铁公祠。铁铉为坚持正道宁死不屈的行为的确当得起"英雄"二字。

2. 铁公祠匾额与楹联

　　曾任山东学政的清代著名书法家、文学家、金石学家翁方纲题写的"铁公祠"匾额，悬挂在铁公祠大门正上方。两侧是清代文人严正娘所撰写、朱学达书写的楹联，上联是"湖尚称明问燕子龙孙不堪回首"，下联是"公真是铁惟景忠方烈差许同心"。这副楹联上联先是说大明湖可称得上光洁明亮，也可兼寓明朝之明，因铁公祠祠主是明朝人，又讲明朝燕王朱棣与侄子建文帝朱允炆争夺皇位的事，难以接受不愿意去回忆，批判、抨击为了皇位而滥杀无辜的明成祖朱棣，下联则先是歌颂铁铉铮铮铁骨、大义凛然的品格，又将铁铉与景清和方孝孺比成一类人，都有宁死不屈的精神。

3. 铁公祠堂

　　祠内正中央是铁铉铜像，高2.3米，重1.8吨，仿古青铜色，着明代文官服饰，

---

① 张廷玉.明史第3册[M].长沙：岳麓书社，1996.
② 同上。

面部表情栩栩如生，塑像以传统手法与现代雕塑相结合，传神地刻画了铁铉这个人物的内心世界和性格特点。铁铉铜像、南丰祠曾巩樟木像和明昌铁钟，被称为"明湖三绝"。

朱学达所书匾额"浩气长存"挂于铜像上方，两侧是铁铉所撰楹联"泽广恩波远，麟游瑞应多"。

祠内墙上嵌有古今书法家手书石刻八方，真、行、草、篆、魏碑各体具备，功力深厚，各有千秋。这八方石刻分别是：《铁公祠记》碑，原碑为清乾隆五十七年提督山东学政的翁方纲书丹并篆额，已损，现碑文是 1995 年 12 月由济南大明湖公园管理处按原拓本影刻，王仲武补篆额的；1995 年 9 月立石，徐北文撰文、王仲武书丹的《重修铁公祠记》碑；孔尚任诗碑，内容是"文皇东破济南城，鼓角连天草木兵。悬板无灵千古恨，铁公祠下一吞声"；铁公铸像落成"万古千秋"邑民王凤乔敬书碑；1995 年 10 月 15 日铁铉公第二十二代孙铁明正碑，碑文为"凡我铁氏后人，一定要忠于国家，忠于人民，为全民族安定团结，为国家繁荣富强，鞠躬尽瘁，努力奋斗"；乾隆年间名流墨迹碑，碑文为"策励守城，气吞伏版，才能优裕，志节坚刚"；当代书画名家魏启后先生题字碑，碑文为"铁肩担道义，碧血照湖光"；蒋维崧先生篆字碑刻"忠贞似铁"。

祠内还有铁铉题匾额"一真"，但为复制品，原件在西安清真大寺凤凰楼上。

（九）静花堂（佛公祠）

铁公祠往东到静花堂之间的游廊北墙上，镶嵌有 6 块高 2.44 米、宽 0.64 米的石刻，系光绪十一年山东巡抚陈士杰所书，其字为行楷，笔画丰厚，有颜苏书风，为大明湖刻石中屈指可数的大幅作品。静花堂现为旅游纪念品商店，曾为"明湖斋"，最初为"佛公祠"，是为纪念清代第二十任山东巡抚佛伦而修建的。

静花堂（佛公祠）

佛伦，姓舒穆禄氏，清朝满族正白旗人，是电视连续剧《还珠格格》里面尔康父亲的原型。康熙二十八年（1689）至康熙三十一年（1692）任山东巡抚，后官至内阁大学士。他在平均徭役、惩恶扬善、打击豪强、储粮备荒等方面做出了一定成绩。后任川陕总督、礼部尚书、文渊阁大学士。阿林保捐修铁公祠时，一并为其修了佛公祠。

1952年10月28日，毛泽东主席到大明湖铁公祠游览，当看到佛公祠时，曾说："佛伦这个官很爱民。"佛公祠1928年五三惨案期间毁于日军炮火，1929年重建后成为铁公祠的附属建筑，不再祭祀佛伦。新中国成立后屡经修建，今易名为"静花堂"。

静花堂前楹联为清代陈夔龙撰书"槛外时飘蕉叶雨，帘前不断芰荷风"。这句诗描绘了自然界的声音和景象，营造出一种宁静和谐的氛围，仿佛让人置身于一个与世隔绝的幽静世界中："雨滴轻轻地落在蕉叶上，发出沙沙的声音，而帘子前面的芰荷随风摇曳，送来阵阵清风。"

（十）铁公祠的花窗

铁公祠景区的最东面与佛公祠连接的长廊，镶嵌了二十五个中国典型园林建筑风格的花窗。花窗是中国古代园林建筑中的一种装饰和美化的形式，既具备实用功能，又带有装饰效应。窗中以镂空图案设计，主要是用隐约透景的效果观赏两边不同的景色，不仅可以起到装饰单调厚重墙面的作用，还可以用不同的图案寓意吉祥如意，具有十分浓厚的文化色彩。

花窗在中国造园艺术中扮演着极其独特而重要的角色，如果把成功的园林作品比成一首好诗，花窗则是它的警词佳句。中国传统居住文化发展至明清时期达到鼎盛。住宅与园林一体、居处共游览两宜的私家宅园的普遍兴起，为花窗艺术提供了大显身手的场所。花窗不但数量多、花样繁，而且制作优、品位高，至今仍保留着许多精彩之作。[1]

格式花窗

① 姜晋. 苏作木雕 [M]. 苏州：苏州大学出版社，2016.

铁公祠的花窗，长廊北侧有十三个，东侧有十二个，分别有圆形、扇形、菱形、八角和六角形、十字形、水滴形、葫芦形、蝙金形、钟蝠形等十几个图形，是济南为数不多的花窗群，也成为铁公祠东部的重要文化景点之一，为贯穿整个铁公祠的连廊建筑画上了浓墨重彩的一笔。

（十一）一景、一蓬、一石、一树

铁公祠的东门就在连廊东侧十二个花窗的中间，有细心的游客发现铁公祠景区东西两门不是相对的。

西门靠南进门正对荷花池和得月亭，形成了南中轴线。东门靠北有一景、一蓬、一石和一树形成了北中轴线。

一景是指东门处叠山石小品，青松垂荫、凌霄花攀缘做成的障景。

一蓬是指在湖山一览楼和铁公祠前面的四方形的石篷，这个篷比较特殊，上面长长的石条搭在四个角撑起的立柱上，方形的四个角是供游客坐在上面休息的石栏。

一石指的是湖山一览楼前名曰"鼎石"的太湖石，明太祖朱元璋为铁公赐字"鼎石"，后人立此石寓意"鼎石"品格，万古流芳。

一树是靠近西门芭蕉树半包围着的一棵松树，此树并不粗壮，但特别高大，与得月亭隔池相对。

济南城"三山不显，四门不对"

从铁公祠的二门不对，不由想起了济南"三山不显，四门不对"的说法。所谓"三山不显"和"四门不对"，都是济南民间的老话，指的是济南有三座看不见的山，四个城门都不对称。

"三山"，分别是指历山、铁牛山和灰山（或煤山），这三座隐于市区中的山，从远处看根本看不见，暗合不"显山露水"之意。传说三山埋于地下，只露出个山顶。又相传济南有渤海的海眼，常有海水喷薄而出，大舜以三山镇之。由于在城里很难被看到，只有到了附近才能看到它们的真面目，所以称"三山不显"。

"四门"，分别指的是济南城的东、西、南、北四处城门。西门，原名"泺源门"；东门，原名"齐川门"；南门，原名"舜田门"，又名"历山门"；北门，原名"汇波门"。"四门不对"是指济南旧城的四个应该相对的东西城门、南北城门互不相对。这是因为济南城因利用地势截大明湖而建，明代重修后所设四门，东门偏北，南门偏东，西门偏南，北门居中。现在城墙已拆除。东门即现在的老东门东关大街的位置，南门和西门即现在南门桥、西门桥的位置，北门即现在的大明湖的北水门，故以四门不对称。

济南还有"三山不显出高官，四门不对出王位"的说法，形容济南历代屡出名人高官，并且有多个藩王在济南建王府。铁公祠的建造就像济南城的缩影。济南城依大明湖而建所以城门互不对应，铁公祠内因有荷花池缘故，也造成两门不对的现象。

（十二）铁公祠双石板桥

出铁公祠东门，迎面看到的是垂柳茂密、柳丝弄碧衬托的双排四孔铁公祠双石板桥。铁公祠的双排四孔石桥也是明湖著名景点，这座桥不仅展现了古代建筑的艺术魅力，还承载着深厚的历史文化内涵。在建筑特色方面，铁公祠双排四孔石桥采用典型的古代桥梁建筑形式，桥身由两排石拱门构成，共有四个石拱门。这种设计不仅增加了桥梁的稳固性，还使得桥身更加美观。桥上的石栏杆雕刻精美，展现了古代工匠的高超技艺。在历史文化方面，铁公祠双排四孔石桥建于明朝时期，是为了纪念明朝著名将领铁铉而建造的。在铁铉去世后，济南百姓为了纪念他的功绩，纷纷捐资兴建了铁公祠和这座石桥。它承载着古代济南人民的智慧和对忠义人格的敬重。在观赏感受方面，站在桥上，可以俯瞰周围的景色，南看是波光粼粼、碧波荡漾的湖面，北看湖水流淌至奇石绿植深处，有种"柳拂桥栏双虹卧"的意境。

铁公祠双石板桥

（十三）铁公祠研学

大明湖公园里的铁公祠景区是研学路线中非常重要的一站，因为无论是爱国、名士、景色、建筑、诗词等主题，铁公祠都具有代表性。

1. 建筑风格

在这里要先了解一下小沧浪亭的环境和建筑风格，小沧浪亭的建筑风格独特，坐北朝南，面向明湖，半浸水中，东西长南北窄，南北各有一门，南为正门，屋顶转角四角翘伸，飞檐翘角形如飞鸟展翅，轻盈活泼，外设围廊坐栏。这种建筑风格充分展示了借景手法的运用，将湖光山色与院内错落有致的亭台楼榭融为一体，形成了一种匠心独运的设计。

此外，小沧浪亭的建筑风格还体现在其细节处理上。例如，东面高高的台基上建有魏然屹立的得月亭，西侧则是镌刻有"四面荷花三面柳，一城山色半城湖"楹联的别具特色的月亮门。这些细节的处理不仅增加了建筑的美感，还丰富了建筑的文化内涵。

总的来说，济南小沧浪亭的建筑风格是一种融合了借景手法、有匠心独运的设计艺术风格，充分体现了中国古代园林建筑的精髓和魅力。

2. 小沧浪亭的历史

来到小沧浪亭，了解一下它的历史是必不可少的。说起济南小沧浪亭的历史，可以追溯到清乾隆五十七年（1792），由山东盐运史阿林保仿照苏州沧浪亭的风格建造。

小沧浪亭最初并非单一建筑，而是一处园林院落，院内有回廊、拱桥、亭榭、凉台等建筑，是一处布局巧妙、赏景怡情的绝佳之地。小沧浪亭是名胜区中的茗韵胜地，吸引了众多文人墨客前来游览，留下了无数经典之作。

其中最著名的当属清朝嘉庆年间，山东提督学政刘凤诰和山东巡抚铁保在济南相识，并在小沧浪亭别离时留下的"四面荷花三面柳，一城山色半城湖"的对联，这一对联至今仍被广为传颂，成为济南的标志性文化符号之一。

历史上，小沧浪亭也经历过多次修缮和重建。1983年，济南市政府拨款对小沧浪亭进行了全面修缮，恢复了其历史原貌。2006年5月，小沧浪亭又被公布为济南市第三批重点文物保护单位，得到了更好的保护和传承。如今，小沧浪亭已成为济南的一处著名景点，吸引了大量游客前来参观游览。无论是欣赏其独特的建筑风格，还是感受其深厚的历史文化底蕴，小沧浪亭都是一个值得一游的地方。

3. 小沧浪亭的文化

当然最后还要了解一下小沧浪亭的文化。济南小沧浪亭不仅是一座精美的古典建筑，更是一个充满文化内涵的地方。

它的文化价值首先体现在建筑风格，因为这种仿古风格不仅展示了古代建筑的美学价值，也传承了中国古代园林建筑的文化精髓；其次是文学价值，因为小沧浪亭历史上吸引了众多文人墨客前来游览，他们在这里留下了许多经典之作。再次是历史价值，因为小沧浪亭建于清乾隆五十七年（1792），是济南历史上一处重要的文化遗产。它见证了济南城市的发展历程，也反映了中国古代园林建筑的历史变迁。作为一处历史悠久的文化景点，小沧浪亭对于研究济南历史和文化具有重要意义。最后是艺术价值，因为小沧浪亭的建筑风格独特，细节处理精致，体现了中国古代园林建筑的艺术魅力。它的建筑造型、雕刻装饰、花窗设计等方面都展现了高超的艺术水平，为后人留下了宝贵的艺术遗产。

4. 小沧浪亭的诗词

诗词文化更是研学的核心，关于小沧浪亭的诗词有多首。宋代袁说友《和韩俟沧浪亭韵》："平生公赏最岩居，肯作痴儿失故吾。正尔不堪尘满面，为君何惜酒随车。"

宋代钱时《沧浪亭有感二首》："归老园林事已休，无端淮水作鸿沟。堂堂百战平戎手，肯向沧浪把钓钩。"

近代王国维《蝶恋花·独向沧浪亭外路》："独向沧浪亭外路，六曲栏干，曲曲垂杨树。展尽鹅黄千万缕，月中并作濠濮。"

宋代葛立方《为章道祖颇及葛藤·沧浪亭》："沧浪亭下水连溪，影倒虚檐凤翅齐。白小牵风动晨镜，碧圆着雨响秋鳌。"

其中最著名的是清代诗人刘凤诰所作的《咏大明湖》："四面荷花三面柳，一城山色半城湖。红妆翠盖飘摇处，白傅青衫潦倒时。天上明湖开玉镜，齐州九点入烟芜。人间清景谁堪有，占得荷香与月无。"

小沧浪亭的诗词作品不仅数量众多，而且质量上乘，是中国古代文化遗产中的重要组成部分。这些诗词作品不仅为后人留下了宝贵的文化遗产，也为人们提供了欣赏和领略小沧浪亭美景和文化内涵的重要途径。这些诗词作品不仅描绘了济南小沧浪亭的美景，更传承了中国古代园林建筑的文化精髓，展现了其深厚的历史文化底蕴。

5. 明湖观景

小沧浪亭西有一"佛山倒影"石碑。这是研学观景中最重要的一处景点。因为在这里可以一边观景，一边了解明湖八大景观。济南明湖的八大景观那是非常有名。一是佛山倒影，这个景观位于沧浪亭内，最佳的观赏时间是春秋季节，特别是新雨之后的晨曦或夕照之时。你可以看到湖南岸的群山清晰地倒映在湖水中，如同一幅美丽的画卷。二是丹坊耀日，指的是大明湖南门内的明湖牌坊，造型优美，富有民族特色。在阳光的照耀下，牌坊上的"大明湖"三个字熠熠生辉，给人一种庄重而典雅的感觉。三是汇波晚照，位于大明湖的东北隅，夕阳照射下的湖面波光粼粼，与周围的柳树和建筑物相映成趣，构成一幅宁静而雅致的画面。四是沧浪荷韵，大明湖北岸的铁公祠附近有一片荷塘，每当夏日荷花盛开时，清香四溢，给人一种清新脱俗的感觉。特别是在小沧浪亭中观赏荷花，更是别有一番韵味。五是画船烟波，大明湖上的游船是另一道亮丽的风景线。特别是古色古香的画舫在湖中荡漾，仿佛穿越到了古代，让人沉浸在这份宁静与美好中。六是历亭秋风，位于大明湖南岸不远的小岛上的历下亭，有着悠久的历史和古朴的建筑风格。在这里可以感受到秋风的凉爽和历史的厚重。七是柳岸春深，大明湖畔的柳树是湖景的重要组成部分。春天时节，柳树发芽吐绿，与湖水相映成趣，给人一种生机勃勃的感觉。八是明湖秋月，在秋夜赏月时，大明湖是一个绝佳的地点。湖面平静如镜，清风拂面，柳枝轻摇，荷香浮动，一轮明月渐上中天，美不胜收。这些景观各具特色，无论是自然风光还是人文历史都非常丰富。

6. 铁铉的故事

首先，铁铉是一个有学问、有智慧的人。他在国子监学习，后来成为给事中、参政，这都需要一定的学识和才华。因此，他可能非常重视研学，认为只有通过不断学习，才能提高自己的能力和素质，更好地为国家和社会做出贡献。其次，铁铉所处的时代是一个充满变革和动荡的时代。明朝初期，政治局势不稳定，各种势力之间互相争斗。在这样的背景下，铁铉可能更加认识到学习的重要性。通过学习，他可以更好地了解时局、把握机遇，为国家和人民做出更大的贡献。最后，铁铉的坚贞等品质也具有较高的研学价值。他在靖难之役中坚决保卫济南，拒绝投降，最终英勇就义。通过学习，学生可以更好地理解铁铉故事的内涵，从而在自己的行动中体现铁铉的这些品质。

综上所述，铁公祠研学对于传承优秀历史文化、欣赏建筑艺术和实践德育教育，以及提高学生的综合素质和推动文化传承等方面具有重要意义。

7. 铁铉诗词

纪念铁铉的诗词有很多，其中比较著名的是清代诗人严遂成的《铁尚书铉》："百万旌旗一夜摧，金陵王气渐寒灰。天留铁汉居中坐，手挽燕军向北回。雷电直教平地起，鱼龙不敢上城来。全齐无恙屯淮去，南望遗民哭草莱。"这首七言律诗赞颂了铁铉在靖难之役中的英勇事迹和忠诚品质。诗中描绘了铁铉在保卫济南时的坚毅果敢，以及他被捕后宁死不屈的壮烈场面，表达了诗人对铁铉的深深敬仰和悼念之情。铁公祠集爱国、景色、诗词、历史为一体，是主题研学活动中必不可少的一个地方。

五、北极雄浑

从铁公祠景区沿湖东行就会来到北极阁景区。说它是景区是因为在北极阁两侧由月下亭、济南战役国民党守军临时指挥所旧址和感应井泉这几个景点组成。这也是大明湖北岸海拔最高、内容最丰富和历史最悠久的景区。

（一）北极阁

北极阁远景

1. 北极阁简介

北极阁是济南市现存最大的道教庙宇，也被称为北极庙或真武庙。道教是中国土生土长的宗教，是中国传统文化直接孕育的产物。

北极阁近景

2. 道教文化

道教对我国古代的政治、经济和文化都产生了深远的影响。道教起源于汉代黄老道家思想，吸收了古代神仙家的方术和民间巫术及鬼神信仰，逐渐在东汉末年形成。在魏晋南北朝时期，道教逐渐走向成熟，并在隋唐北宋时期达到鼎盛。在明清时期，道教逐渐衰败。新中国成立后，道教界进行了宗教制度民主改革，使得道教的面貌焕然一新。1957 年，中国道教协会成立，实现了全国道教徒的大联合、大团结。[①]

道教以"道"为最高信仰，尊老子为教主，奉《道德经》为主要经典。道教认为"道"可以修德，修炼的目的是得道成仙。道教继承和发展了先秦道家思想，从"道"中演化出最高的神灵，构建了庞大的神仙体系。在这个体系中，最高的神是由道衍化而来的三清尊神，即元始天尊、灵宝天尊和道德天尊（太上老君）。北极阁供奉的是道教赫赫有名的水神真武大帝，真武大帝是中国传说中的北方之神，所以此庙在明代被称为北庙，后称为北极阁，

---

① 武汉理工大学马克思主义学院，湖北省统一战线理论与实践研究基地组织，王智，权宗田．统一战线知识简明读本 [M]．武汉：武汉理工大学出版社，2019．

又称北极庙。

3. 北极阁的兴建

据史料记载，北极阁是元代至元十七年（1280）在宋代曾巩修建的北渚亭遗址上兴建的。

北极阁背城面湖，庙基高耸，门前有三十六级台阶，是大明湖北岸最高的地方。明清两代曾重修，明成化元年（1460）增建启圣殿，供奉真武大帝的父母。1983年又重建，殿内有真武神君等诸神十九尊。作为一处历史悠久的道教庙宇，它的地理位置很是优越，不仅在大明湖这一著名的旅游景区之中，而且其独特的建筑风格也使其成为济南的一处文化地标。

在建筑风格上，济南大明湖北极阁展现了道教四合院组成，中轴对称设计，雕塑、绘画、书法综合运用的建筑的特色。这里充分体现了中国传统的以五方、五行、五色的配搭关系。东方对应木和青、西方对应金和白、南方对应火和红、北方对应水和黑、中央对应土和黄。因为北极阁供奉的是北方水神真武大帝，所以这里装饰的主色调以黑色为主。

北极阁筑在7米高的石镶土台上，占地1078平方米，整体布局严谨，对称而和谐，山门前有两条青石坡道。登上青石台阶，迎面是三间门厅，黑色大门上箍以金黄门钉，富丽而森严。

大门两侧有楹联"宫中下见南山尽，城上平临北斗悬"，体现了北极庙峻拔的气势。楹联集王羲之字，为1996年左右新制。北极阁为一座两进院落，正殿位于一进院内的中央，坐北朝南，庄严肃穆。后面是启圣殿，位于二进院内，门厅面南，面阔各三间。东西两侧配有庑殿，门厅的左右两侧则是钟鼓二楼，均为四方亭式建筑，钟楼现有古钟一口悬在其中。整体庙貌巍峨壮观。

正殿中央供奉真武大帝金身坐像，像高2.5米，右手持剑，左手掐诀，威严端庄，金童玉女两侧侍立。雕龙神龛上高悬"位极天枢"黑底金字巨型匾额，神像前案摆放长约二尺、宽有一尺的嘉靖年间铸造的龟蛇合体铜塑像。民间有传说，妇女抚摸龟蛇铜像就会生儿育女，所以铜像已经被摸得发亮了。神像前下方分别站有火、水、龟、蛇四将，而左侧则塑有青龙、赵天君、关天君、仙真、风伯、雷公，右侧塑有白虎、马天君、瘟天君、仙曹、雨师、电母。殿内东西两侧墙壁上还有依据真武大帝修炼故事绘制的大型《真武大帝武当山传奇》壁画。这些塑像、装饰和壁画都充满了神秘和庄严的气氛。

正殿后面是启圣殿，起初名为净乐宫，后改为启圣殿。殿内有真武神君父母彩塑坐像及手持石榴仙桃的侍女像，墙上的壁画为演奏、舞蹈、献果、祝寿的《乐伎献寿图》，殿内"启圣殿"匾额为中国近代著名画家、书法家刘海粟先生所题写。院内环境也十分优美，银杏葱绿，翠柏碧透，古意颇浓，为游客提供了一个宁静祥和的参观环境。

4. 北极阁趣事

北极阁作为济南地标性的建筑，不仅成为外地人来大明湖游览的打卡之地，还是 70 后、80 后济南人抹不去的回忆。济南人通常称从小在济南长大的人为"济南娃娃"。济南娃娃以前有"四玩"，一玩是天桥顶上看火车，二玩王府池子跳直棍，三玩中山公园坐转马，四玩北极阁上打出溜。

说起天桥顶上看火车，要先介绍一下天桥。天桥作为济南最早的立交桥之一，位于济南市火车站东侧，横跨津浦铁路和胶济铁路，是一座三层铁路立交桥，是济南标志性建筑，济南的天桥区也是因它得名。它始建于 1911 年，原为津浦铁路天桥，后因城市发展和缓解交通压力的需要，于 1973 年拆除重建，新天桥于 1975 年 7 月 1 日建成通车。这座桥总长 854.5 米，桥面宽 18 米，南北跨越铁路，北接济洛路，南连纬二路，是济南市区南北交通的咽喉。济南娃娃以前经常站在天桥最高的地方观看桥下来往穿梭的各种火车，有绿皮列车，有装煤的货车，有拉货的厢货车，还有油罐车等。每经过一列都要数数车厢的数量，比比谁看到的火车长，谁看到的最长会骄傲好一阵子。这也成为济南娃娃独有的一种娱乐方式。

　　说起王府池子跳直棍，也要先介绍一下王府池子。济南王府池子，又名"濯缨泉"，位于山东省济南市历下区王府池子街，是济南七十二名泉之一，属于珍珠泉泉群。其名字来源于《孟子·离娄上》中的"清斯濯缨，浊斯濯足"，寓意泉水清澈，可以洗涤冠缨。金代《名泉碑》、明代晏璧《济南七十二泉诗》和清代郝植恭《七十二泉记》都将其列为济南七十二名泉之一。在元代之初，此处被都元帅济南公张荣选中营造府邸，王府池子当时被称为"灰泉"。至明朝天顺元年（1457），明英宗的次子朱见潾被封为德王，在济南城内建王府，将灰泉纳入王府并改名为"濯缨湖"。王府占地面积已有当时济南城三分之一，珍珠泉和濯缨湖位于府院西侧，他称之为"西苑"。清朝入关后，清兵攻入济南，将德王府改名巡抚衙署，而且把濯缨湖筑墙隔开，这一池泉水又回到了老百姓的怀抱。王府池子南北三十余米长、东西二十余米宽，水面六百余平方米。泉水出露形态为串珠状上涌，水自池底及西岸岩孔涌出，沿曲溪向北折向东流，穿民居，过石桥，至曲水亭，汇珍珠泉水，经百花洲入大明湖。昔日，池中有一沙渚，居民多于此戏水捞虾，故俗名"捞虾渚"。现在的王府池子已经不允许游泳了，以前每到夏天，特别是放暑假的时候，济南娃娃三五成群都在池边玩耍嬉戏。最为好看的是"跳直棍"，就是站在池边的石台上，脚朝下头朝上地往水里跳，而不是和电视里看到的那样头朝下脚朝上。跳的时候像一根火柴棍一样直入水底，所以济南称"跳直棍"。当然也有小伙伴在跳的时候做出许多夸张滑稽的动作。这个水池成为济南娃娃夏季心中抹不去的回忆。

　　说起中山公园坐转马，还要先介绍一下中山公园。济南中山公园位于山东省济南市经三纬五路，是山东省兴建最早的以公园命名的公共游乐场所，面积46.5亩。中山公园的前身是商埠公园，于1911年正式建成开园。公园内拥有济南市最早的古树群，松柏深秀，满园青翠，花卉争妍溢香，景色古朴典雅，花木茂盛。园内亭台楼阁众多，如流音水榭、神游亭、楫风亭等，风景相映成趣，浑然一体。此外，中山公园还曾是重要的政治活动和民众集会地，中共早期山东党组织曾多次把公园作为活动场所。1925 年 4 月 27 日，济南各界人士在商埠公园举行了孙中山先生追悼大会，之后公园被改名为"中山公园"（还曾称过"济南公园"）。新中国成立后，中山公园于 1951 年改称"人民公园"，但于 1986 年又恢复为"中山公园"。公园内的"中山书苑"是江北最大的古旧书交流市场，每逢周末都会吸引大量爱好者前来交流古旧书籍、字画、古玩玉器等收藏品，使得公园充满了浓厚的文化氛围。中山公园不仅是一个历史悠久的公园，更是一个集自然景观、人文景观和文化活动于一体的综合性公园。对于许多 60 后、70 后、80 后的人而言，在那个游乐设施相对匮乏的时代，中山公园的电动旋转木马是最奢华的游乐设施了。周末能去坐一次旋转木马可以兴奋好几天，所以它是一个时代的见证，承载了济南娃娃儿时的美好。

最后说说北极阁上打出溜。如果让来大明湖玩的孩子说哪里最好玩？北极阁打滑梯一定是选择之一。"北极阁滑梯"从七八米高的平台上斜穿三十六级台阶到底，总长度约十米，是北极阁的一大特色，深受当地人和游客的喜爱，特别是孩子们。说不出这个跨越世纪的石滑梯从什么时候开始成为小朋友的玩伴，但据许多六十多岁的老济南说，他们小的时候就在这里打滑梯。在清代的老照片上，北极阁前的坡道上就已经有凹槽痕迹了。民国的照片上也出现过有游客在坡道上坐着往下滑的景象。这些影像资料可以证明，北极阁滑梯一直深受孩子们的喜爱，可以说 100 多年前这里就是一个"网红"打卡地了。在当今这个娱乐设施齐全的时代，它仍然是魅力不减，吸引着一批一批的孩子来这里玩耍。无论是夏天它被晒得发烫，还是冬天它被冻得冰凉，丝毫没有减少小朋友对它的热爱。两条被摩擦得锃亮的深深的凹槽见证了一批又一批孩子的长大。滑梯的存在，使得北极阁不仅是一个历史古迹，更是一个充满童真和乐趣的地方。小朋友的笑声和欢呼声为北极阁增添了一份生机和活力。同时，滑梯也成为大人们回忆童年的一个载体，让人们在这里找回那份纯真和快乐。现在为了保障游客的安全，公园在滑梯两侧安装了护栏，使下滑的速度不至于过快。济南人通常把打滑梯称为打出溜，所以称为北极阁上打出溜。

"天桥顶上看火车"随着时代的进步已经离我们渐渐远去，"王府池子跳直棍"随着王府池子禁止游泳也成为过去，"中山公园坐转马"随着各种电动娱乐的普及更是失去了往日的喧嚣，只有"北极阁上打出溜"仍然热度不减，每天迎接着每一个前来游玩的人。

5. 北极阁诗词赏析

"宫中下见南山尽，城上平临北斗悬"是北极阁的庙联，作者是梁章钜。从整副楹联看，主要是写北极庙的宏伟高大，为达到这一目的，作者采用了夸张手法。南面的山最低者也有 200 余米，而这阁仅有 10 余米，其高度和山相差甚远，然而上联却用了"下见"两字，即是说，站在阁上，向下一看就能看尽南面的群山，真可谓夸张至极。下联夸张更甚，用了"平临"两字，即与北斗星齐平相临。虽为夸张，但觉有理，因它和大明湖中其他建筑相比，毕竟算是高的。

"万绿抱潆洄，中有北极阁。湖山罗目前，一览无边阔。朝曀共云升，暮鸟随霞落。时有松涛声，夜静风浪作。莲花红白开，露珠滚的皪。雾重水混淆，雨多山洗濯。相对酒满尊，聊慰谪居乐。"这首诗生动地描绘了北极阁的壮丽景色和宁静氛围。从万绿环抱的景色，到湖山的辽阔，再到朝霞和暮鸟的相伴，每一句都充满了诗意和画面感。特别是那"朝曀共云升，暮鸟随霞落"的描写，让人仿佛置身于那美丽的景色之中，感受到了大自然的神奇魅力。同时，诗中也流露出一种宁静和淡泊的情感，通过"相对酒满尊，聊慰谪居乐"的描绘，表达了诗人在面对自然美景时的豁达与愉悦。这种情感与北极阁的自然风光相互映衬，使得整首诗更加动人心弦。

"钟陵积秀邈霏微，北极台高山四围。树底人家苍翠合，云间楼阁乱红飞。湖烟北望迷春草，江势西来卷夕晖。下去玉阶承辇处，牧儿横笛打牛归。"

此诗将北极阁的美景描绘得如诗如画,令人陶醉。从"钟陵积秀邈霏微"开始,就让人感受到了山峦的秀丽和云雾的缭绕。而"北极台高山四围"更是直接点明了北极阁的地理位置,凸显出其高耸入云的壮丽。接下来的"树底人家苍翠合,云间楼阁乱红飞"则描绘了北极阁周围的景致,树木苍翠欲滴,楼阁掩映其中,红花乱飞,宛如仙境。"湖烟北望迷春草,江势西来卷夕晖"则通过湖烟和江势的描写,让人感受到了北极阁的广阔和气势。湖烟迷蒙,春草萋萋,江水滔滔,夕晖映照,构成了一幅壮美的画卷。最后一句"下去玉阶承辇处,牧儿横笛打牛归"则通过描绘牧童横笛、牛群归来的画面,给整首诗增添了几分田园牧歌的宁静与和谐。这首诗不仅展现了北极阁的自然风光,还融入了人文气息,让人在欣赏美景的同时,也能感受到生活的美好与宁静。

明代刘敕《北极庙》:"庙貌郁崔嵬,溪云护法台。凭轩双目豁,倚槛万峰来。树影孤帆动,香烟古殿开。喜看载酒者,一棹任徘徊。"这些美丽的诗句对北极阁的建筑、历史、文化和景色进行了夸张与比喻的描写,充分体现了作者对北极阁的赞美。

(二)月下亭

月下亭位于大明湖北岸,北极阁西侧,是一个古色古香的建筑。亭子立在水池中央,形为六角尖顶,白柱青瓦,饰以彩绘,小巧玲珑,典雅别致。

1. 月下亭的位置与历史

月下亭南北,各有白石小桥,南通湖岸,北通大厅。池中蓄锦鱼,池周自然石驳岸,顽石卧波,与周围环境相得益彰,共同构成了一幅美丽的画卷。东侧紧靠北极阁处的假山,巨石陡立峭拔,嶙峋峥嵘,近植翠竹,飒飒有韵。月下亭不仅具有独特的建筑风格,还承载着丰富的历史文化内涵,是游客们游览大明湖时不可错过的一处景点。

月下亭始建于 1937 年,与成仁祠同时建成。成仁祠是韩复榘主鲁时为

月下亭

纪念在江西阵亡的陆军五十八师官兵而建，是济南大明湖中建筑最晚的一座祠堂。

　　成仁祠祠堂三楹，前檐出厦，祠堂内分层摆放着所祭军官的牌位。成仁祠周围建筑颇多，包括回廊、大厅、门楼等，前面有一红柱青瓦、六角尖顶的典雅桥亭，其亭名曰"月下亭"。在亭的东西两侧有两半月形白石栏杆护卫着，亭的南侧修有台阶数级，以供人们由此登阶入亭。[1]此处是当年赏月的理想去处。亭南视野开阔，"明湖水月"之胜景于此正可赏看。当夜幕降临，明月当空，清光盈盈，柔波粼粼，湖天一色，垂杨如纱笼岸，亭榭隐现其间。溶溶月色，妙不可言。

　　成仁祠整个北大厅之下，建有一个坚固的钢筋水泥地下室。为备不时之需，韩复榘曾将此地下室与城外地道贯通。这个地下室韩复榘并未派上用场，却被王耀武在济南战役中使用。1948年9月，第二绥靖区司令长官王耀武把

---

① 济南市历下区政协，任宝祯．济南三大名胜史话 大明湖 [M]．济南：济南出版社，
　　2010．

这里当作了临时指挥部。经过八天浴血奋战，济南城终于被中国人民解放军攻克，据说王耀武就是从这里潜逃出城，在寿光县张建桥被俘的。1955年，原成仁祠大门被移至铁公祠，成为其东门，围廊也被拆除，只留下了祠堂大厅、月下亭和水池。如今，战争的硝烟早已散去，这里暗香疏影，柳暗花明，万籁无声，游人罕至。

2. 月下亭楹联赏析

小亭以白石为基，白石护栏，彩绘斗拱，悬有"月下亭"三字匾额，为清代著名文学家、山东提督学政使阮元所书。

亭柱楹联"数点雨声风约住，一帘花影月移来"，为清末大学者梁启超题写。这副楹联出自元朝元好问的《浣溪沙·梦绕桃源寂寞回》："梦绕桃源寂寞回，春残滋味似秋情，多情翻恨酒为媒。数点雨声风约住，一帘花影月移来，小阑幽径独徘徊。"这首诗真的很有深意，"梦绕桃源寂寞回"描绘了从桃花源梦境中醒来后的孤独和落寞。"春残滋味似秋情"则表达了春天即将过去时的那种淡淡的哀愁，仿佛春天消逝的伤感与秋天的凄凉相似。"多情翻恨酒为媒"这一句揭示了诗人内心的复杂情感，多情之人往往借助酒来释放情感，但有时候也会因为酒而陷入更深的烦恼或悔恨。"数点雨声风约住"和"一帘花影月移来"这两句非常形象地描绘了夜晚的景色，雨声被风轻轻约束，花影在月光下轻轻摇曳，给人一种静谧又带些忧伤的美感。最后的"小阑幽径独徘徊"则描述了在小栏杆旁、幽深的小径上独自徘徊的情景，似乎在思考人生，或是怀念着某段逝去的美好时光。

（三）济南战役国民党守军临时指挥部旧址

穿过月下亭和月下亭后的石板桥，沿挂有"月下茗香"牌匾的二层建筑右侧小径阶梯往下走，就会来到济南战役国民党守军临时指挥部旧址，这是一个青砖瓦房的不起眼小院，要不是挂有牌匾，很难想象这曾经是个重大战役的指挥所。

　　院墙东高西低，中间有一米见方的小拱门，东墙上方有十字形砖孔，下方有窗。进门东侧是一小楼，紧挨北极阁西墙。西面是挂有"月下茗香"牌匾的二层建筑的东墙，墙南侧有一北石南砖的隧道，隧道上挂有"守军临时指挥部旧址"黑底绿字牌匾。隧道不长但很昏暗，尽头左侧便是临时指挥部的小屋了。

　　这个不起眼的小屋见证了解放战争时期济南的那段岁月。在面积不大的指挥部里有三个拱形门洞将房间分为了南北两部分，中间的拱门后面放置着一张老式长条桌和两把太师椅，墙壁上挂着一张《济南战役态势图》。两侧拱门也都有桌有椅，应该是长官的区域，北面空空如也，只有墙上挂着各种关于济南战役介绍的展板。

1. 济南战役

　　据《济南战役》一书介绍，1948 年 9 月，中国人民解放军华东野战军，

济南战役国民党守军临时指挥部旧址

济南战役国民党守军临时指挥部旧址的狭窄通道

指挥部旧址内部

遵照中央军委的命令，进行了济南战役。自9月16日至24日，经过八昼夜激战，全歼守敌十万余人，生俘国民党第二"绥靖"区司令官、山东省政府主席兼保安司令王耀武。这次战役为解放战争战略决战揭开了胜利的序幕。①

在战前形势方面，1948年下半年，解放战争进入第三个年头，战争形势发生了根本变化。在两年多战争中，蒋介石被迫不断地修改其战略方针，由全面进攻而改为重点进攻，又由全面防御改为重点防御。②国民党内部矛盾日趋尖锐，政治更加腐败，更加丧失了人心。这个时候的济南已经完全处在解放区的四面包围之中了，因此发起济南战役的条件已经成熟。

在战役部署方面，根据中共中央军委的部署和敌人的企图，华东野战军进行了反复研究，在1948年8月10日拟定了三个作战方案：一是集中全力

① 中共山东省委党史资料征集研究委员会，中共济南市委党史资料征集研究委员会，济南市博物馆. 济南战役 [M]. 济南：山东人民出版社，1988：1-13.
② 同上。

转到豫皖苏及淮北路东地区作战；二是以必要兵力阻援，而集中主力攻占济南；三是攻占济南与打援同时实施，但有重点地使用兵力。中央军委的指示 9 月 15 日前必须完成所有攻城及打援准备工作，9 月 15 日左右开始进攻济南。①

在战役过程中，进攻部队分东西两路 15 日夜隐蔽开进济南附近。16 日拂晓包围了长清等济南周边地区。

16 日夜东西两路同时发起了攻击。战至 17 日西路全歼长清守敌，占领了机场以西一带；东路占领了东郊重地郭店，包围了王舍人庄的敌人。

18 日控制了机场，以及周边大部分地区，鲁中南纵队占领了党家庄一带，第十三纵队从东南攻占了石方峪和康而庄。

19 日在我军强大的攻势压力下和地下党大力争取下，国民党军西守备区指挥官、整编第 96 军军长兼第 84 师师长吴化文率部二万余人举行战场起义。西兵团乘势疾进，全部占领了飞机场，彻底堵死了敌空援之路，并控制了商埠以西地区。东兵团九纵亦迅猛攻下城东南马家庄、燕翅山、平顶山一带阵地，前锋直逼外城城下，市内守敌惊恐万状，乱作一团。②

20 日黄昏，西路兵团从南、西、北、三面同时向商埠突击，迅速切断了城内外守敌的联系。③

22 日中午前，十纵一部包围了国民第二"绥靖"区司令部，与此同时，东兵团也扫清了城外地堡群，并全歼被围困于王舍人庄的守敌，在城外展开近迫作业。④22 日下午 6 时 30 分攻城部队向外城发动了猛攻，至 23 日下午，我军全部攻占外城，直逼内城。

23 日下午 6 时东、西兵团集中全部火力向内城猛烈轰击，至 9 月 24 日黄昏，除王耀武等"绥靖"区少数主要官员化装潜逃外，躲藏在地下室负责战

① 中共山东省委党史资料征集研究委员会，中共济南市委党史资料征集研究委员会，济南市博物馆．济南战役 [M]．济南：山东人民出版社，1988：1-13.
② 同上。
③ 同上。
④ 同上。

役总指挥的第二"绥靖"区参谋长罗幸理等被迫派人出来请求投降，一群敌指挥官举着手钻出地下室就俘。山东省省会济南市宣告解放。①

为了守住济南，蒋介石以他的"名将"王耀武为司令官，守以十一万重兵，并在日伪原有工事的基础上，筑成了支撑点式的半永备型防御体系，拟订了所谓的济南"会战计划"。

济南战役打响前，王耀武放言"济南城防固若金汤，共军三个月休想靠前"，但仅仅八天，济南战役就获得了全面胜利。俗话说，"兵马未动，粮草先行"，在"早缴粮，送前方"的号召鼓舞下，广大农民争先恐后地缴公粮。鲁中南地区担负着就近供应前线最繁重的任务，仅沂蒙一个分区即缴纳公粮一千二百五十万斤，超过预定任务四分之一。群众提出"缴早、缴足、缴好"的豪迈口号，不少村庄一天即全部完成任务。渤海地区和济南周边的各县支前热情更是高涨，及时供应了军用。为保障道路运输畅通无阻，广大青壮年日夜抢修公路、桥梁，胜利完成了军械、弹药、药品、日用品、副食品等大量物资的运输任务。

为迎接济南解放，济南的共产党地下组织在"隐蔽精干，长期埋伏，积蓄力量，以待时机"的城市工作方针指导下，在市内积极稳妥地发展组织和建立工作关系，开展敌情和济南各方面情况调查，为我军正式确定攻城得决策和顺利接管城市提供了可靠资料，成功地瓦解了敌军整编第 96 军军长兼第 84 师师长吴化文，争取了国民党保八旅辛永功营五百余人起义。

2. 趣擒王耀武

在这场战役中，王耀武出逃后在寿光被俘虏的故事在济南广为流传。钟惠玲在 2005 年的《办公室业务》上发表了一篇《王耀武被俘逸事》的文章，对具体情况进行了描述。全文如下：

---

① 中共山东省委党史资料征集研究委员会，中共济南市委党史资料征集研究委员会，济南市博物馆.济南战役 [M].济南：山东人民出版社，1988：1-13.

"打到济南府,活捉王耀武"是人民解放军在济南战役中的口号,提起来,很多人知道,但是对王耀武其人却不甚了解。特别是王耀武如何被活捉的则众说纷纭,保存在中央档案馆的原始档案资料澄清了这个谜团。

王耀武是山东泰安人,1924年底顺利考入黄埔三期,毕业后参加了北伐和中原大战,24岁官拜上校团长。1932年,参加了对中央苏区的第四次"围剿",因顽守江西宜黄,被提升为少将旅长,不久升任师长。1934年11月率部与方志敏的红军北上先遣队激战,使包括寻淮洲在内的红军多名高级将领阵亡。七七事变后,率部参加了正面战场很多次大规模会战,因功擢升中将,号称"黄埔三期第一将"。1939年6月,从蒋介石的外甥俞济时手中接任号称国民党军五大主力之首的第74军军长,也是张灵甫的前任。1945年9月2日,日本投降后,担任长沙衡阳地区受降长官,接受了日本第20军司令的指挥刀。

然而,在抗日战争对日作战中曾屡建战功的王耀武,却在追随蒋介石的内战道路上屡遭失败。解放战争时期,王耀武任国民党中央委员、第二绥靖区司令官、山东省政府主席兼全省保安司令等职。1947年2月,其部先败于莱芜战役,损兵6万余人,他的副司令官李仙洲被俘;1947年5月,王耀武起家的整编74师被歼灭,张灵甫被击毙。1948年3—4月,其部再败于胶济路诸镇,所部8万余人被歼。

1948年秋,解放战争进入第三年,山东大地100多个县几乎全获解放,济南已成为一座孤城。毛泽东和中央军委开始筹划即将到来的大决战,决定发动济南战役,作为战略决战的序幕,为此确定了"攻济打援"方针,决定整个"攻济打援"战役由粟裕统一指挥。攻城部队是许世友为司令员的华野山东兵团等14万人马。蒋介石令王耀武率10万大军固守济南,还拟定了一个派兵增援的"会战计划"。

9月1日,粟裕等签发了《济南战役政治动员令》,号召"打到济南府,活捉王耀武"。16日,八月十五中秋月圆之夜,人民解放军向济南发起攻击。17日,夺取济南外围号称"东大门"的茂岭山。19日,国民党整编第96军军长兼第 84 师师长、济南西线指挥官吴化文率部 2 万余人起义。23 日，解放军向济南内城发起总攻，24 日拂晓以前，突入城内。只经过 8 天的战斗，人民解放军就攻克了济南，共歼灭国民党军 10 万余人（包括吴化文部 2 万余人）。消息传到南京，国民党没有一家报纸刊登这个消息。倒是美国记者一语道破了天机："济南之战的结果动摇了蒋介石政权的根基。"

就在部队即将总攻时，毛泽东给前线发去一纸电报，要求布置多层堵击力量，防止王耀武率其死党突围出逃。事态的发展果然未出毛泽东所料。[①]战斗结束了，但王耀武却下落不明。解放军官兵在来到王耀武办公室的时候已是人去楼空，只找到了那把美国将军麦克鲁赠送他的银制手枪。

原来，9 月 24 日早，大势已去的王耀武进入大明湖北岸成仁祠的地下临时指挥所。他说："我们不能自裁。我受蒋总裁栽培，总裁说我代表黄埔的精神，这个地方我也不能坐以待缚。""三十六计，走为上"。他对其参谋长说："我走了，留在这里被俘也没有好处，事情是很明白的。"[②]上午 11 点半，在猛烈的炮火中，他带着 4 个卫士借口"巡视阵地"朝北极庙东北角逃奔，通过早已准备好的地道出城，后又丢掉制服，化装成老百姓难民混过了解放军城外的哨线，企图逃往还有美军驻扎的青岛。但他是跑不掉的！1952 年 10 月，毛泽东到山东视察时，山东省军区司令员许世友陪同去看王耀武逃跑的地下室暗道。毛泽东站在门口向里望了望，回头对许世友笑着说："王耀武还是没逃出你们的手心。"许世友也笑着说："是主席料事如神，不然还真说不定让他逃掉了。"毛泽东说："任何反动派都逃脱不了人民的惩罚。"[③]按照部署，济南周围各县的民兵、公安干警和群众，实行联防警戒，在各交通要道、渡口码头、车站增设岗卡，盘查潜逃漏网的国民党溃军。最终在寿光活捉了

① 杨学军.红色之旅 6 安徽省　山东省　河南省 [M].延吉：延边大学出版社，2006.
② 汪玉明，车志慧，曾庆豪.王耀武传 [M].北京：中国文史出版社，2020.
③ 杨学军.红色之旅 6 安徽省 山东省 河南省 [M].延吉：延边大学出版社，2006.

王耀武。保存在中央档案馆的原始档案——寿光县公安局《捕获王耀武经过情形》详细记载了这段历史：

济南战役开始后，寿光县在全县盘查行人，其中在沧州到潍坊公路的必经之地——屯田村西北的临洱河大桥上，设立了岗哨。9 月 28 日早 8 点左右，寿光县公安局政卫队的刘金光、刘玉民、张宗学 3 名战士正在桥头站岗，有两辆胶轮大车从西边的公路上缓缓向桥头走来，车上拉着五男两女，其中一男人用白色毛巾蒙头，身上盖着棉被，病恹恹地躺在车上，像个"病老头"。在检查中，他们自称都是来自济南的商人，但听口音都不像，且形迹可疑，战士们就把他们带到县公安局审查。

到了地点，"病老头"装成病很重的样子不下车。审讯干事王洪涛就先讯问其他几人。除"病老头"和自称他侄子的乔玉龙外，都称互不相识，都要到青岛去。从态度、神情上看，这些人都不像老百姓，也不像商人，答话的破绽很多。乔玉龙说那个"病老头"是他叔父，在济南战役中被炮声震聋了，吓出来了急病。

这时，"病老头"还躺在车上，伸出舌头装作不会说话。从他一张很大的脸和络腮胡子上看也不像老百姓。一个战士把他从车上背下来后，"病老头"要大便，乔玉龙便从衣袋内拿出一把白色的手纸来。审讯人员估计这个"病老头"绝不是商人，而是个不小的官。

在对"病老头"讯问时，他自称叫乔坤，在济南开饭馆，但不知叫什么字号？问他出济南和与其他人相遇的时间，与其他三人的说法都不一致，问他与乔玉龙的关系，说是同乡，也不知道乔玉龙父亲的名字。

此后，"病老头"开始支支吾吾，神情失常，按其脉搏正常，不像是病得不能讲话的人。随后，寿光县公安局全体干部进行了分析研究，认为自称乔坤、乔玉龙的这二人最低限度是士顽官佐，要分别扣押审讯，以查明真实情况。

当天下午 3 点半，审讯股长王登仁开始审讯"病老头"乔坤。

问："你是哪里人？"

答："你是县长吗？"

问："我问你是哪里人，你问我是否县长干什么？"

答："我已经到了这个地步，干脆说了实话吧！我就说了实话吧！我是王耀武呀！那几个人是我的卫士，我要找县长谈谈……"

至此，济南战役有了一个圆满的句号。

当晚，寿光县张县长、公安局刘政委与王耀武谈话。王耀武叙说了出逃情况，他认为济南被攻克的原因主要是士气低落、吴化文起义、机场失守等。王耀武还表示："国民党总是落在共产党后面。共产党进一尺，国民党才进一步。我见到你们整风，我也叫下边整风，结果不管事。因为他们光说不做，另外政治、经济、文化、军事四大要素都不如你们，因此，国民党不行。"

"国民党不行"，这时的王耀武，总算说了句实话。在后来的岁月里，在战犯管理所学习的王耀武慢慢明白了，济南他只守了8天，除了"内有叛逆，外无援兵"外，还有许多他原来不明白的道理。看到国民党将领陆续相聚在战犯管理所后，他写了一副对联"早进来晚进来早晚进来，先出去后出去先后出去"，横批是"全都来了"。当了俘虏的王耀武，随后被送至华东野战军司令部，转送往益都参加解放军官训练团学习。一天，吴化文收到王耀武的来信，信中说："君为座上宾，弟为阶下囚，你当初起义时应当对我说一下，咱们一起起义不好吗？"对此，吴化文说："他是老蒋的嫡系，他愿死而后已，我却犯不着那样！当初我如果劝他和我一块起义，他不杀了我才怪呢！"①

1959年12月4日，最高人民法院召开了特赦释放大会，宣布首批特赦释放战犯33名，王耀武是其中之一。12月14日，周恩来总理在中南海西花厅接见了王耀武等人。根据他们个人的意愿，王耀武等被分配到北京大兴县红星人民公社旧宫大队果木队参加生产劳动。后经周恩来总理决定，王耀武与

---

① 王正民. 开国领袖毛泽东 下 [M]. 北京：中国文史出版社，2021.

溥仪、杜聿明等为全国政协文史资料研究委员会文史专员。1964 年，王耀武任全国政协委员，1968 年 7 月病逝于北京。

济南战役是我解放军大规模歼灭国民党主力和解放敌重兵设防大城市的开始。济南战役的胜利，不仅国民党的重点防御计划遭到严重打击，而且加强了解放军的自身力量，积累了经验。随着济南城的攻克，菏泽、临沂、烟台国民党守军先后弃城逃窜，在山东省全境内除青岛等少数孤立据点外，其余地区都获得了解放。这一切，都为与国民党军进行战略决战，夺取全国胜利创造了极为有利的条件。

3. 铭记历史，传承红色基因

参观了济南战役国民党守军临时指挥部旧址和了解了济南战役的情况后，我们要铭记历史，传承红色基因，要深刻地认识到中国共产党在解放战争中的伟大贡献和英勇事迹，这有助于激发人们的爱国情感和民族自豪感，促进红色文化的传承和发展。现在再去回首那段残酷的战争岁月，可以让新时代的青少年更加深入地了解济南战役对解放战争所起到的作用，树立正确的世界观、人生观和价值观。同时，也可以让青少年在实践中锻炼能力、增长才干，成为德智体美劳全面发展的社会主义建设者和接班人。

4. 济南战役知识小结

济南战役是解放战争时期，由华东野战军发起的第一次对坚固设防和重兵守备的大城市攻坚战役。战役发生在 1948 年 9 月 16 日至 24 日，于 9 月 24 日攻克济南，历时 8 天。华东野战军为主要力量，战役方针是"攻济打援并举"。战役成果是，争取吴化文部 2 万人起义，合计共歼守敌 10.4 万人，生俘国民党军第二绥靖区司令官王耀武。我军伤亡 2.6 万人，牺牲者 3764 人。济南战役中共产党方面主要指挥者是陈毅、粟裕，攻城总指挥为许世友，副指挥为王建安，国民党方面最高指挥官是王耀武。

（四）感应井泉

感应井泉位于雄伟、高大的北极阁东侧，为济南七十二名泉之一。

感应井泉全貌

1. 感应井泉的传说

该泉系明代德王府第二代德王朱佑榕派白闻宇率工匠所开掘。该泉为何取名为"感应"？这还得从明武宗正德年间修缮北极庙的事儿说起。据矗立在感应井泉西侧的明正德进士、兵部武选司郎中邹衮所撰《感应井泉记》石碑记载，明正德九年（1514），因北极庙日久倾圮，德王府派白闻宇率工匠修缮。施工中，因大明湖畔诸水井之水苦涩难饮，百余名工匠所饮用的水需南去数里之外的罗姑、玉环二泉处汲取。天热路远，费时费力，众人苦不堪言。一天夜里，白闻宇焚香祈祷，拜求神灵，以解饮水之忧。梦寐之际，得"神灵"明示：泉在北。次日一早，白氏即按梦中所示之处，令工役凿挖，果然有泉涌出，色清味甘。众工匠欢欣跃动，以为"（白）公一念之格也"。于是将此泉取名曰"感应"井泉，并于同年的夏历四月十五日立《感应井泉记》碑于井侧。值得一提的是，此碑由明代济南著名诗人边贡篆额。边贡书法作品世所罕存，因此尤为珍贵。^①清朝康熙年间《济南府志》明确记载："城北滨湖，水味多咸，此井独甘。"

2. 感应井泉的今天

日月更替，兴废不止。四百多年后，北极庙重又废圮，感应井泉也不复存在了，仅剩下一块石碑孤独地矗立在原址。"文革"时，大明湖畔的文物、碑刻遭到严重破坏。大明湖公园的职工为保护《感应井泉记》碑，将它埋于地下，才使其免遭一难。^②

1983 年，北极庙恢复重建，但是感应井泉仍旧没有重现，"老济南"们每每谈论起此事，都引为憾事。1999 年，济南市大明湖风景名胜区管理处为落实济南市人民政府保护、恢复名泉的指示，根据济南市名泉管理办公室的安排，遍访故老长者，查阅古籍文献、报刊资料，终于寻得感应泉的旧址。11 月 6 日破土，隔日感应井泉便得以重现。今日之感应井泉，除了将《感应井泉记》旧碑和新刻写的《重修感应井泉记》立于泉侧，还在泉的周匝建起了感应池。泉池相依，如蚌含珠。^③

3. 感应井泉风貌

现在的感应井泉已经成为供人游玩的场所。泉前有一个长方形的干池，池周围围以石栏，池中部，有两尾汉白玉石雕成的鲤鱼，一金童手持莲花坐于西侧鲤鱼之上，一玉女手持荷叶坐于东侧鲤鱼之上，憨态可掬。两鲤口系

① 济南市历下区政协，任宝祯.济南三大名胜史话 大明湖 [M].济南：济南出版社，2010.

② 任宝祯，管萍.济南名泉 [M].济南：山东友谊出版社，2006.

③ 济南市历下区政协，任宝祯.济南三大名胜史话 大明湖 [M].济南：济南出版社，2010.

铁链，铁链系于一巨大方孔铸铁圆钱的两侧，圆钱正面上印有"千禧通宝"四个字，背面印有"钟响福兆"四个字，方孔中间悬挂一口小铁钟。游客站在池上，用购买的圆形铁板掷击小铁钟，击中小铁钟后不但可以发出清脆的声音，而且感应井泉会有水柱喷出，仿佛接到了感应。

感应井泉泉眼在池内北侧，泉为圆井形，深约 2 米，直径 1 米，井口盖有铁篦子。每当有幸运游客击中小铁钟，感应井泉透过铁篦子喷出水柱时，大家都会欢呼雀跃，好似获得了幸运。

池南墙壁上嵌有石刻"感应井泉"四个大字，为清代书法家王讷题写。池上北面有"山"字形影壁墙，中间高墙嵌有《重修感应井泉记》石刻。两边矮的墙上刻有被誉为"当代济南首席名士"徐北文先生"华泉墨宝留青史，古井清波印月明"的诗句。意思是古井里面是没有风波的，所以水面是平静的，月亮在水里的倒影才会呈现出来。

东侧建有感应井泉亭，亭内设有石桌、石凳，供游人休憩赏景。亭外花木扶疏，修竹婆娑，景色清幽宜人。

六、南丰幽邃

北极阁东南方向便是著名的南丰祠景区。南丰祠，原名曾公祠，位于大明湖的东北岸，北邻汇波楼，是为了纪念北宋文学家曾巩而建。南丰祠占地2690平方米，是一处清静幽雅的古典式庭院。

南丰祠院内包含南丰祠堂、南丰戏楼、孙墨佛·孙天牧父子书画馆、雨荷厅、明昌钟亭、藕神祠等典雅景点建筑。

南丰祠大门

（一）南丰祠

1. 南丰祠的由来

曾巩，字子固，江西南丰人，世称南丰先生，是唐宋八大家之一。他在宋熙宁四年（1071）至熙宁六年（1073）间任齐州（今济南）知州。在短短的两年多任期内，他积极推行新法，惩治恶霸，减轻徭役，改革教育，使得齐州百姓安居乐业，社会升平。他还主持开挖新渠、修筑堤坝、疏浚水道、修建北水门，从根本上解决了城北的水患灾害，深受百姓爱戴。明湖四怪蛇踪难寻、青蛙不鸣、久雨不涨、久旱不涸，其中的久雨不涨就是曾巩治水的成果。在他离任后，百姓依然怀念他，建立祠堂纪念他。起初齐州百姓在千佛山建起祠堂，刻石像供奉祠。清道光年间，曾公祠在大明湖畔重建，百姓二季供祭、四时凭吊，后人习惯称其为"南丰祠"。新中国成立后，南丰祠经多次扩建和重修才成了现在的样子。

2. 南丰祠的风貌

南丰祠院门向西，三楹，两窗，西出厦，半壁花棂，门上朱学达所题写的"南丰祠"匾额悬挂于四个户对之上，这说明曾巩在此担任过三品官职。门当上两只被摸得锃亮的小狮子憨态可掬。门前红色抱柱挂有刘曾骥所题的楹联"作湖山一日主人看万脉奔流诸峰罗列，历唐宋百年过客有少陵诗笔曾巩文章"，此联原在北极阁，后移到此处，上联描写景色，下联抒发感情，情景交融，描绘了享受济南景色的乐趣。

3. 南丰祠堂

南丰祠堂位于南丰祠院内北厅西端，北厅三楹，仿古建筑，南出厦，半壁花棂，抱柱楹联"北宋一灯传作者，南丰两字属先生"，为清道光九年历城县知县汤世培主持重修南丰祠时所题。这副对联高度概括了曾巩的文学成就和他对后世的影响，表达了对他的崇敬和纪念之情。以前，高两米的曾巩木雕像位于祠堂中间，该像由曾巩故乡江西南丰的一棵千年樟木雕刻而成。木像峨冠博带，宽袍大袖，手持书卷，形神兼备，栩栩如生，较好地体现了曾巩的文人气质和儒吏风度。此木像为"明湖三绝"之一。祠堂四周墙壁上挂满了关于曾巩的字画，字画下方陈列着不同版本的曾巩著作。

南丰祠堂

2019 年，景区对南丰祠进行整体改造提升，打破传统单调的祠堂模式。站立的木雕曾巩像，被移到了北水门上面汇波楼里的曾巩展览馆，祠堂里换成了曾巩铸铜坐像。坐像依然保持了宽袍大袖的服饰风格，右手捋着胡须，左手紧握书卷，双眼注视前方，神态威然，惟妙惟肖。四周的字画也换成了展板，对曾巩生平、南丰曾氏世系及南丰祠历史变革进行了介绍。整个祠堂质朴大气，参观者可以通过展板了解到一代文学家、政治家的成长历程。

坐像前抱柱楹联为"儒术远追齐稷下，文词近比汉京西"，赞美曾巩儒术造诣深厚，文章诗词优美，是一代文学大家。"江汉星斗"这富有诗意的匾额，是对曾巩才华与品格的一种高度赞美。提到曾巩一定会说他是济南历史上最有影响力的"市长"之一。其对济南"泉"文化的塑造，对济南"城即园林"城市风貌的打造，对大明湖这处"园中园"的精心建造，至今仍令人称道不已。

（二）南丰戏楼

南丰戏楼位于南丰祠堂对面，始建于1894年清末，是山东境内保存最为完好的清代戏楼，也是济南现存最古老、最大的木质戏楼。南丰戏楼整楼利用榫卯结构进行设计，青瓦粉墙，雕梁画栋，古色古香，是济南"曲山艺海"的历史见证之一。

戏楼内设有专业小剧场，方桌方椅、红柱承托，舞台上方挂有"明湖居"三字，出自《老残游记》。戏楼南为戏台，东西为看台、包厢雅间，台分两层，均有木梯可登，十分方便，上下楼均可摆桌看戏品茶，可同时容纳二百余人观看演出。此外，戏楼的墙壁上挂着四张珍贵的历史照片，展示了山东大鼓在清代的时候在大明湖上演出的场景，以及晨光茶社相声会创始人孙少林、山东快板的一代宗师杨立德、山东大鼓"四大玉"之首谢大玉等历史名人的风采。

南丰戏楼

2006年经过整修，南丰戏楼成为济南著名的曲艺演出场所，每天循环演出传统曲艺，游客们可以在这里体验到济南曲山艺海的魅力。此外，南丰戏楼融合了轻餐饮与文化创意，打造了独具特色的文化创意下午茶，使游客在欣赏传统曲艺的同时，也能品味到济南的文化精髓。南丰戏楼不仅是一座历史悠久的建筑，更是济南文化的重要载体，是游客们体验济南传统文化和艺术魅力的绝佳去处。

（三）孙墨佛·孙天牧父子书画馆

孙墨佛·孙天牧父子书画馆位于南丰祠堂东邻，大厅五楹，1987年10月3日正式开馆，其建筑面积达303.45平方米。其原名"剑门书画馆"，陈列有孙墨佛及其长子孙天牧的国画作品。馆内设有两个展室，主要陈列辛亥革命老人孙墨佛（号剑门老人）先生的书法珍品二十六件和手札十二件。

孙墨佛，原籍山东莱阳，是一位享年104岁的书法家。他一生心胸豁达，修身清节，淡于名利，将豪情注于笔端，以书法陶冶情操，形成了质朴洗练的艺术风格。

西展厅的展品以国画作品为主，立有孙天牧先生半身塑像，像基上刻有"化古开今承前启后"字样。"化古开今"说的是对优秀传统的尊重与继承，也是对创新的追求与发扬，"承前启后"说的是要承接前人的智慧与成就，同时也要为后人留下更多的宝贵财富。

孙墨佛·孙天牧父子书画馆

东展厅的展品以书法作品为主，立有孙墨佛先生半身塑像，像基上刻有"出碑入帖自成一家"字样。意思是他追求书法艺术的一种境界，有所创新并形成了自己独有的风格与特色。两厅门廊两侧挂有孙墨佛长孙孙树仁书写的"玉树凌霄通剑气，宝花浮墨带书香"对联。孙墨佛·孙天牧父子书画馆不仅是一个展示孙墨佛先生和孙天牧先生艺术成就的场所，更是一个让人们感受传统文化魅力、领略书法艺术风采的地方。

通过参观书画馆，人们可以更深入地了解孙墨佛先生的艺术人生，也能更好地欣赏和理解中国传统书法艺术。

（四）雨荷厅

孙墨佛·孙天牧父子书画馆的对面就是具有传奇色彩的雨荷厅。该亭原名"四面亭"，由于琼瑶小说改编的电视剧《还珠格格》热播，四面亭才改名"雨荷厅"。

雨荷厅在院内南侧，濒临湖岸，红柱雕窗，青瓦飞檐，四周有环廊坐栏，并有"凹"形曲池环绕，北、东、西三面池水荡漾，池内满植荷莲，厅前有一画舫，曰"天憩舟"。现在这只船是仿照古画舫船建造的，古色古香，传说是当年乾隆皇帝与湖畔才女夏雨荷所乘之船的样式。船上挂有横匾"琴韵荷香"，门旁一副对联："高人洗桐树，君子爱莲花。"这一景致融合了历史传说与自然风光，为游客提供了一个品味历史、感受文化的绝佳场所。

雨荷厅远景

电视剧《还珠格格》

雨荷厅近景

中，乾隆皇帝与夏雨荷在雨荷厅内听雨打荷叶，品尝夏雨荷亲手泡制的荷花茶，留下了美好的回忆。如今，雨荷厅不仅是一个旅游景点，更是一个充满文艺气息的地方。在这里，游客可以一边欣赏大明湖的超然美景，一边烹茶品尝雨荷的荷花茶，感受清新文艺的氛围。同时，雨荷厅也经常举办各种活动，如围炉煮茶等，让人们在品味传统文化的同时，还享受了生活的美好。

雨荷厅正面的两副抱柱楹联分别为"虚竹幽兰生静气，和风畅日契天怀""兰有群清竹无一曲，山同月朗水与情长"。第一副借用景色抒发了对理想天下的向往，第二副借用兰代表君子之意，提醒世人要自律，不忘初心。背面的两副抱柱楹联分别为"微风笛韵凉于水，静夜琴怀淡若秋""山色只宜远处看，竹香时向静中闻"。第一副体现了作者将景色升华为高尚品德的艺术手法，第二副表现了作者闻竹观山的惬意。

（五）明昌钟亭

　　南丰祠院落东北角有一座高 10.6 米，阔 8 米的高台。此台名曰"晏公台"，是明末为纪念水神晏戌子而建的高台，高台东西两侧均有阶梯，南侧镶有"晏公庙"石碑。晏公台作为南丰祠的一部分，承载着深厚的历史文化底蕴。它不仅是古代人们祭祀水神的场所，也是后来文人墨客追思先贤、交流文化的重要地点。

　　站在晏公台上，可以俯瞰大明湖的美景，感受济南的历史与文化气息。明昌钟亭就建于晏公台之上，钟亭始建于金代明昌年间（1190—1195 年），其建筑风格为四角重檐顶，两重飞檐，点金彩绘，单重八根、双重共十六根支柱支撑，红柱灰瓦，廊檐彩绘，斗拱相交，上有宝顶，饰脊兽三十二件。上下檐角悬有风铃，有风吹动，叮当作响。亭下四周有雕石围栏，可供小坐休憩。

　　明昌钟亭西南，立有徐北文先生撰写的《重修明昌钟亭碑记》，亭前红漆立柱上悬挂的楹联亦由徐北文先生撰写："金钟鸣处蛙声静，碧月升时客

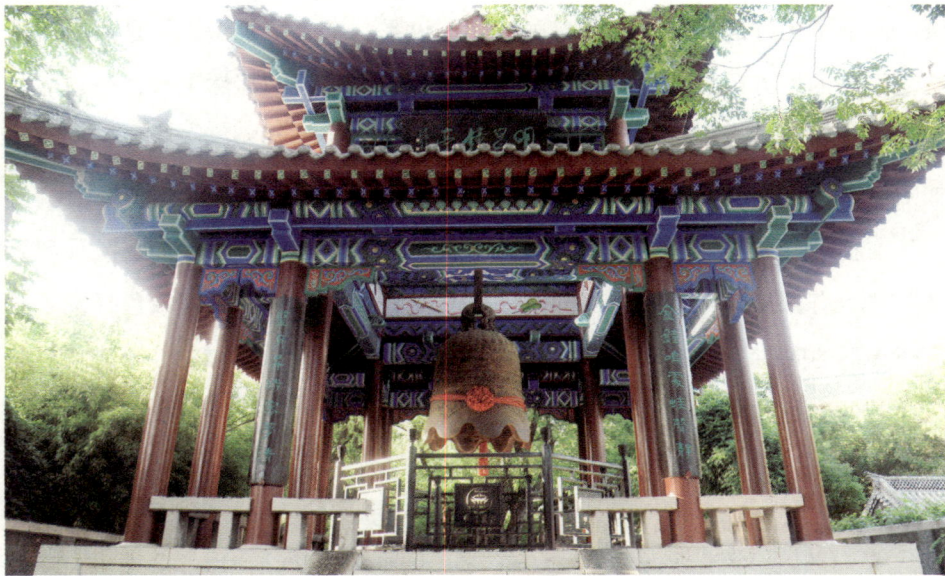

明昌钟亭

梦清。"联语中所歌咏的境界恰与明湖佳景"钟鸣蛙静"相吻合。钟亭内悬挂的明昌古钟高 2.3 米，直径 1.7 米，厚 0.13 米，重达 8000 公斤，被誉为"齐鲁第一钟"。钟身上铸有八卦图案，顶端铸有龙形钟钮。此钟原在老城区的开元寺内，后寺废，几经辗转被存放于现在的明昌钟亭内。每当晨曦时分或夜幕降临，圆润雄浑的钟声就会响彻云霄，经曲岸水面回荡互激，与周围苍烟暮霭、水树应和，构成一种独特的意境。

（六）藕神祠

藕神祠位于南丰祠院子的东北方，是一个独立而雅致的院落。

藕神祠，又被称为水仙祠，这个祠堂是为了祭祀藕神而建。大明湖历来有祭祀藕神的传统，而藕神的身份在历史上有所变迁，清代文人商议，最终决定推选济南杰出的北宋女词人李清照为藕神。后来将原来在铁公祠一带的藕神祠迁移到此处且加以修葺，参照清代的记载立李清照为藕神，塑像供奉。

藕神祠的院落设计精巧，院墙洁白，顶覆小青瓦，墙壁上留有圆形、扇形、方形透窗，给人一种清雅之感。院内软石铺地，梨树争艳，石榴飞红，竹摇绿影，环境十分优美。祠堂位于院内北侧，坐北朝南，古朴端庄，前出厦，花槅扇，青砖青瓦。

门上"藕神祠"匾额是由山东籍书法家王凤峤先生所题写。门柱楹联为："是也非耶水中仙子荷花影，归去来兮宋代词宗才女魂。"由济南学者徐北文先生撰联并书。这副楹联是对宋代才女李清照的高度赞美与缅怀。"是也非耶水中仙子荷花影"描绘的是荷花在水中的倒影，既像仙子般美丽，又带有一丝神秘和难以捉摸的感觉，暗喻李清照的词作如荷花般清新脱俗，给人留下深刻印象。"归去来兮宋代词宗才女魂"则是对李清照诗词成就的赞美，表示她的才情永远留在人们心中，令人敬仰。抱柱楹联为："一盏寒泉荐秋菊，三更画船穿藕花。"楹联由刘如璞所书写，描绘了船穿藕花的诗意和浪漫。

祠堂正中供奉着一尊宋代彩塑仕女坐像，相貌清丽，身材窈窕，玉指纤纤，卷轴在握，温文尔雅，楚楚动人。这尊塑像便是藕神，也就是李清照。两侧有两位侍女塑像，一位手持红荷，一位手持绿莲，彩服巾金，珠翠明铛，头绍发髻，俨然端庄。三面墙壁绘有彩色壁画，壁画内容为藕神的传说和明湖风光。

藕神祠不仅是对李清照这位伟大女词人的纪念，也成了大明湖历史文化的重要组成部分。

藕神祠

（七）南丰祠的建筑文化

南丰祠的建筑文化也是一大亮点。主体建筑、明昌钟亭、雨荷厅等古建筑都经过了专业的修缮和油漆彩绘，使得古建筑文化符号更加鲜活，文化特色更加鲜明。游客在游览南丰祠时，不仅可以欣赏到美丽的自然风光，还可以领略到不同建筑风格。南丰祠 2019 年改造后，增加了坐凳等休闲空间，为游客提供了方便。

南丰幽邃

南丰祠整个院落宛如一幅精美的古典画卷，充满了历史的厚重感和文化的韵味。院落坐东面西,布局精巧,由大殿、戏厅、水榭、游廊等建筑构成,整体风格清静幽雅,古典而又不失雅致。大殿庄严肃穆,戏厅古朴典雅,水榭则临水而建,与周围的湖光山色相映成趣。院内花木扶疏,绿柳翠柏笼荫,竹林分布点缀,为整个院落增添了一抹生机勃勃的气息。特别是在盛夏时节,红荷碧柳交相辉映,更是美不胜收。此外,院内古树森森,古韵悠悠,使得整个院落充满了历史的沧桑感。所以南丰祠是一个集自然风光、历史文化和人文景观于一体的雅致院落。

(八)南丰祠的名人逸事

南丰祠之所以有名,不仅是它紧邻大明湖可以饱览湖光山色,也不仅是它有着各种风格的古式建筑,它还有历史名人不同种类故事的流传。

南丰祠为纪念唐宋八大家之一、北宋文学家曾巩而建。曾巩在济南期间,文学才华得到了充分展现。他在大明湖、鹊山亭、趵突泉等名胜古迹,留下了许多优美的诗篇和散文。他最早赋予了趵突泉"趵突"的名字,并且用生动的笔触描绘了济南的山水之美。

他还为济南百姓做了许多实事,让老百姓不再受苦受难了。相传当时,齐州民风强悍,时有盗寇出没。曾巩决心铲除这些恶势力,保护百姓。他经过周密调查和取证后,果断将恶霸周高绳之以法,并且以雷霆之势抓捕、流放了长期危害百姓的"霸王社"中的三十一人。为了彻底清除这些盗寇,他组织村民结成保伍,联合巡查剩余盗寇,形成严密的防御体系。最终,盗寇在曾巩的整治下无处遁形,齐州社会得以恢复安宁。

曾巩认真考察了济南南高北低的地理状况后,决定在北城疏通一条水道。他雇佣民工,疏浚了一条深八尺、宽三十尺的渠道,又指导民工构筑水闸用于调节泄水流量。这样就使大明湖成了一个天然水库,城北平原不仅可以免受水患,而且可以解决灌溉问题。后来,曾巩在《齐州北水门记》中写道:"外内之水,禁障宣通,皆得其节,人无后虞,劳费以熄。"自北水门向南,有一条直通南岸的长堤，两岸绿水莹莹，林木参天，繁花似锦，又有廊桥曲径，这就是当年享有"百花堤"美誉的曾堤，也是当年曾巩带人所筑。

宋神宗熙宁六年（1073），曾巩调任襄州知州。在他即将离开齐州时，齐州百姓拥上街头，拉起吊桥，关闭城门，以挽留他们的父母官，使得曾巩不得不在夜间悄悄出城。在赴襄州途中，曾巩写了一组诗，即《离齐州后五首》，表达了对齐州湖泉胜景的依依难舍、留恋眷顾之情。即使在离开齐州很久以后，曾巩还写下了《寄齐州同官》一诗，以示对齐州的怀念。

曾巩在济南的故事不仅展现了他的政治智慧和文学才华，还体现了他以天下为己任的人文光辉。他的善政和贡献使得济南人对他深感敬仰和爱戴，他的故事也在后世广为流传。

1. 治水传说

济南的地势为南高北低，每到雨季南部山区和城内泉群就会毫无节制地将水宣泄到城北，因此城北常遭水患。有一个传说是，上古时期济南经常发大水，因为济南有三个连通渤海的海眼，经常有海水泛滥，危害百姓，后来大舜用三座大山压住了三个海眼，解决了水患问题。这三座大山就是济南人常说的"三山不显，四门不对"的那三座山。这三座山分别是"历山""铁牛山"和"灰山"。历山露出地面不足一米，民国时期在济南一户叫崔秀实的人家的客厅里，后来城市改建把历山埋在了历山顶下面，现在宽厚里东头的几块石头就是为了纪念历山。铁牛山的记载可以追溯到九百年前的南宋，铁牛山以前深埋于地下，2001 年在济南府学文庙东墙外庠门里的一个馒头房里被发现挖了出来。有人说是陨铁，有人说是自然形成，众说纷纭。因为是镇水之用，所以它尺寸不大但也被尊称为"山"，现存放在府学文庙里的泮池旁边。灰山在 2007 年大明湖改造后已经被淹没在水里了，现在大明湖南岸灰山亭的东北侧水下隐约有一小山头，那就是灰山，亭旁的石头上刻有《灰山亭记》。灰山以前露出地面的高度只有 28 厘米，在大明湖路汇泉寺街 46

号院内一户人家的窗户下面。

2. 传奇人物——孙墨佛

　　南丰祠内的孙墨佛·孙天牧父子书画馆,将这位富有传奇色彩的非凡人物,又重新展现在世人面前。

　　孙墨佛原名孙鹏南,字云斋,号剑门老人,生于1884年,逝于1987年,是莱阳市穴坊镇西富山村人。他的一生跨越了多个领域,既是民革中央团结委员会委员、中央文史研究员,也是一位著名的书法家。孙墨佛自幼跟随刘大同学习书法,后得到王垿、康有为的亲授,书法技艺日益精进。他的书法作品挥洒自如,妙入神境,深得人们喜爱。然而,孙墨佛的传奇并不仅仅在于他的书法。

孙墨佛塑像

在 1908 年，他毅然决然地放弃了学业，加入了中国同盟会，开始了他的革命生涯。他追随孙中山先生，奔走于各地，为推翻清廷、建立民国付出了巨大的努力。他参加了策动山东省独立的行动，并在讨袁时期担任北方护国联军总司令部秘书主任。他还曾在陈炯明炮轰总统府事件中，智救过孙中山先生。

在许多重要的历史事件中都有孙墨佛的身影出现。他不仅是辛亥革命的参与者，更是反蒋、抗日、反内战的重要人物。然而，面对国民党内反蒋派的扩大会议和张家口抗日的流产，他对时局发展感到失望，于是转而投身于著述编纂工作，不再过问政事。孙墨佛的一生充满了传奇色彩，他的故事不仅是他个人的历史，也是那个时代的缩影。他的书法和他的精神，都成为后人学习和敬仰的对象。

智救孙中山

孙墨佛得知广东省省长兼粤军总司令陈炯明妄想加害孙中山的消息后，立即前往拜望刘大同。在晚餐席上，刘大同向孙墨佛透露了有关孙中山的危险情况，并请求他撰写一副挽联。孙墨佛意识到这并非一般的请求，而是关于孙中山先生生死存亡的大事。孙墨佛迅速采取行动，连夜找到总统府秘书长谢持，将此事转告大总统孙中山。起初，孙中山并不愿相信且不畏惧，但孙墨佛的忠诚和决心使他深受感动。在众人的催促强挽下，孙中山换上夏布长衫，戴上墨镜和便帽，化装成医生离开总统府。为避免被叛军认出，孙夫人坚持留守，让孙中山先走。在众人的掩护下，孙中山抵达设在海珠的海军司令部，由天字码头登上江防司令陈策的座舰宝璧舰。这一系列行动都显示了孙墨佛的机智和勇敢，以及他对孙中山的深厚情谊。由于孙墨佛的及时报警和积极营救，孙中山得以安全脱离险境。这一事件展现了孙墨佛的个人品质和智慧。

3. 雨荷传奇

说起《还珠格格》这部电视剧大家一定不会陌生吧？南丰祠内的雨荷厅就与这个故事有关。故事还要从乾隆皇帝下江南时说起。

传说在乾隆六年（1741）一个夏末秋初的日子，乾隆皇帝下江南游至大明湖时，忽然听到一阵悠扬悦耳的古琴声从大明湖东北角的荷柳丛中传出。于是乾隆帝寻声而去，发现了一处四面环水、荷莲围绕的厅堂。这厅为古式建筑，红柱青瓦，出厦回廊，厅内摆设古雅。厅中，一淡妆青年女子正在抚琴，她就是夏雨荷，世居湖畔的一书香门第的大家闺秀。乾隆见夏雨荷姿容秀丽，柳眉凤眼，樱口朱唇，心中大悦。两人攀谈起来，夏雨荷谈吐高雅，落落大方，知书识礼。他们谈眼前景致，聊琴棋书画，诗词文章，十分投契，相见恨晚。这次相遇，让乾隆皇帝与夏雨荷结成了知己，他在湖畔暂住，吟诗作画，抚琴弈棋，荡舟游湖，赏荷观雨，乐在其中。夏雨荷亲手泡制的荷花茶更是让乾隆赞不绝口。随着时间的推移，两人的感情越发深厚，最终双双坠入爱河。然而，这段情缘却因乾隆皇帝的身份而被迫分离。乾隆离开济南前，在琴的背面写下了"知音难觅"四个字，表示会来接夏女进京。但夏雨荷在日复一日的等待中，因思念过度而病逝，她终身未嫁，为乾隆生下了女儿紫薇，临终时仍深爱着乾隆。

这个故事在后世被广泛传颂，雨荷厅也因那段传奇的爱情故事和电视剧《还珠格格》的热播，成为大明湖的一处重要爱情打卡景点。

4. 明昌大钟

作为明湖三绝之一的"明昌钟"也是充满了传奇色彩。这口大钟始建于金代明昌年间（1190—1196 年），它的出现与抗金有着莫大的关联。

据《历城县志》记载，北宋末年有一位姓刘的僧人，他率领僧兵赴京勤王，为郡民所敬重。因此，人们在明昌年间集资冶铁，铸成了这口万斤巨钟，以纪念这位英勇的僧人。此外，明昌钟还流传着一个凄惨的传说。据说，前朝有一位女子因受了冤屈找官府投诉,但昏庸的官吏根本不予理睬。她告状无门,一气之下跑到正在铸钟的冶铁作坊,纵身跳进了炽热的铁水中,工匠们用这炉铁水铸成大钟。因此每当钟声响起,都会传出女子哭泣的声音。这个传说虽然带有悲剧色彩,但也为明昌钟增添了几分神秘和哀婉。1958 年"大炼钢铁"时,曾有人打它的主意,但因太重,搬移困难而作罢,大钟才算逃过一劫。明昌钟作为"齐鲁第一钟",见证了济南的沧桑变迁,也承载了人们对历史的记忆和敬畏。每年春节,人们都会来这里撞钟祈福,希望新的一年能够平安吉祥。

明昌钟

5. 明湖二怪,蛇不现、蛙不鸣

明昌钟亭前立柱"金钟鸣处蛙声静,碧月升时客梦清"的楹联,仿佛也在用一个有趣的故事解释大明湖蛇不现、蛙不鸣的原因。传说乾隆皇帝下江南路过济南,游览了趵突泉、千佛山等名胜后,于中午来到了大明湖畔的历下亭休息。皇帝到了大明湖，惊动了大明湖里的各路神仙，于是百蛙齐鸣，众蛇会聚，大明湖畔更是鸟飞虫跑，一众生灵都希望能够一睹天子龙颜。已经非常疲惫的乾隆皇帝此刻正想休息，偏偏窗外的蛇啊、蛙啊、鸟啊不知趣地在这里凑热闹，于是皇帝大怒，一拍桌子，颁下一道圣旨，命令："蛇归洞，蛙不鸣。"众生灵见皇帝大怒，立刻慌慌张张地溜掉了。从那以后，大明湖里就再也见不到蛇了，也听不到蛙鸣了。[①] 当然这只是个传说而已。

6. 千古才女李清照

"千古第一才女"李清照，宋代婉约派词人的代表，号易安居士。与南宋豪放派词人代表、字幼安的辛弃疾并称为"济南二安"。

李清照出生于书香门第，早期生活优裕，其父李格非藏书甚富，为她打

李清照像

---

① 陈君慧.中国地理探秘 第 4 册 [M].长春：吉林出版集团有限责任公司，2013.

下了坚实的文学基础。她不仅擅长书画，还精通音律，尤以婉约词著称于世，被尊称为婉约词宗。

受生活变化影响，她的词作前期多写悠闲生活，后期则多悲叹身世，情调感伤，流露出对中原的深深怀念。她的作品《如梦令·常记溪亭日暮》描绘了她与朋友在溪边亭子游玩，并在湖上饮酒赏景的情景。由于沉醉于美景与美酒之中，她不知不觉间划船至藕花深处。当李清照意识到自己迷路时，天色已晚，她急于划船回到岸边。在急切中，她与同伴们争相划船，试图尽快离开藕花深处。然而，由于动作匆忙，他们不小心惊起了一滩鸥鹭。这些水鸟从荷叶丛中惊飞而起，扑啦啦的声音打破了夜晚的宁静。这里的"藕花深处"指的是荷花盛开的地方。她用白描手法，自辟途径，语言清丽，不追求华丽的藻饰，而是提炼富有表现力的"寻常语"，表现对周围事物的敏锐感触，刻画细腻、微妙的心理活动。

李清照在中国文学史上享有崇高声誉，她以高度的艺术成就形成了"易安体"，为后世留下了宝贵的文化遗产。

（九）南丰祠的研学资源

南丰祠的研学资源相当丰富，涵盖了历史文化、建筑艺术、文学创作等多个方面。

首先，从历史文化的角度来看，南丰祠作为纪念北宋文学家曾巩的祠堂，是了解和研究曾巩的重要地点。曾巩作为唐宋八大家之一，其文学成就和人格魅力对后世产生了深远影响。通过参观南丰祠，可以深入了解曾巩的生平事迹、文学风格以及他在当时社会的影响，从而加深对古代文学和文化的认识。

其次，南丰祠的建筑艺术也是一大研学资源。南丰祠的建筑风格独特，融合了明清两代的建筑特色，展现了古代建筑的精湛工艺和美学价值。可以通过观察和研究南丰祠的建筑布局、雕刻装饰以及色彩运用等方面，了解古代建筑的构造原理和艺术特点，提升对传统文化的审美能力和鉴赏力。

再次，南丰祠还蕴藏着丰富的书画艺术资源。孙墨佛·孙天牧父子的作品是中华文化的瑰宝，其国画、书法和手札具有很高的艺术价值。通过参观展览可以深入了解书画艺术的历史与文化，学习传统书画技艺，培养创新思维和实践能力，弘扬优秀传统文化和民族精神，感受到传统书画的魅力。

最后，南丰祠还提供了丰富的社会实践和研学活动资源。可以在这里开展实地考察、历史文化讲座、文学创作比赛等多种形式的研学活动，通过亲身参与和体验，深入了解历史文化、建筑艺术和文学创作等方面的知识，提升自己的综合素质和实践能力。

南丰祠的研学资源为学生们提供了一个了解和研究古代文化、提升个人素养的重要平台。南丰祠诗词研学可以对应中小学学生课本里《赠汪伦》《赠刘景文》《嫦娥》《回乡偶书》《咏岳飞》《卖油翁》等进行学习，在南丰祠这种雅致的院落里学习相关诗词，可以更好地提高中小学生诗词鉴赏能力和对诗词文化的兴趣。

（十）南丰祠的相关诗词

关于描写南丰祠的诗词有很多，大多数是展现了南丰祠的庄重与美丽，以及对曾巩的赞颂。

《七律·谒南丰祠》："曾公伫立诉离愁，遥远时光凝眼眸。重教轻徭架桥榭，浚湖筑坝荡兰舟。百花堤畔诗犹咏，北水门中芳永流。荷谢荷开近千载，英魂依旧绕齐州。"这首诗通过对南丰祠的描绘，缅怀了曾巩的功绩，展现了南丰祠作为历史文化遗产的重要性。

《早秋宴集会南丰祠》："曲沼联欢宴，荷香已报秋。晚风轻桨外，斜日古祠头。水近连官舍，花低映客舟。百年文酒地，此会又觥筹。"这首诗描绘了早秋时节在南丰祠举办宴会的场景，通过细腻的描绘展现了南丰祠的自然之美和人文之韵。

《大明湖南丰祠谒曾公》："奇石叠落缀亭东，桥汇波光锦鲤行。骈赋文章千古在，南丰祠里谒曾公。"这首诗通过描绘南丰祠内的景象，表达了作者对曾巩的敬仰之情，以及对其文学成就的赞美。

曾巩写了很多关于济南的诗词。

最著名的应属《西湖二首其一》："湖面平随苇岸长，碧天垂影入清光。一川风露荷花晓，六月蓬瀛燕坐凉。沧海桴浮成旷荡，明河槎上更微茫。何须辛苦求人外，自有仙乡在水乡。"前四句与小沧浪亭楹联"四面荷花三面柳，一城山色半城湖。"有异曲同工之境，可通联注释。后四句又可与明湖老八景之佛山倒影相参互赏。整首诗描绘了一幅宁静而美丽的明湖画卷，展现了湖面与苇岸和谐共生的壮丽景象。

《趵突泉》："一派遥从玉水分，暗来都洒历山尘。滋荣冬茹温常早，涧泽春茶味更真。已觉路傍行似鉴，最怜沙际涌如轮。曾成齐鲁封疆会，况托娥英诧世人。"

汇波楼

《西湖纳凉》："问吾何处避炎蒸，十顷西湖照眼明。鱼戏一篙新浪满，鸟啼千步绿阴成。虹腰隐隐松桥出，鹢首峨峨画舫行。最喜晚凉风月好，紫荷香里听泉声。"

《寄齐州同官》："西湖一曲舞霓裳，劝客花前白玉觞。谁对七桥今夜月？有情千里不相忘。"

（十一）汇波楼与曾堤

汇波楼与曾堤这两处景点并不在南丰祠院落里面，但是讲南丰祠肯定要说到曾巩，提到曾巩一定绕不过汇波楼与曾堤。所以把它两个单独拿出来介绍一下。

1. 汇波楼

汇波楼是一座历史悠久的建筑。它建于元代初年，位于济南北水门之上，因此得名。

（1）汇波楼的历史

这座楼为二层建筑，面阔七间，翼角悬山，脊饰吻兽，丹柱绿瓦，风铃铿锵，四周白杨簇拥，景色如画。元至治二年（1322）和元泰定元年（1324）曾两次扩建重修。后来，汇波楼因年久失修坍圮无存。1982年大明湖改造时，在旧楼遗址上重新修建了汇波楼，重建的汇波楼基本仿照旧制，为一座悬山歇山重檐七间城楼式建筑，楼高13.6米，巍峨壮观。整个建筑由八十八根红柱承托，飞檐斗拱，绿瓦明甍，翘角挑梁上悬挂风铃，上下两层均环以回廊。门、窗、扇雕以传统花样图案，点金彩绘，堂皇典雅。

（2）汇波楼的匾额

楼南二层檐下，悬"汇波楼"金字匾额，为当代书画家黎雄才题写。楼西二层檐下，悬挂"汇波晚照"匾额，为艺术大师刘海粟所题写。楼东二层檐下，悬挂康熙御笔"云山环拱"匾额。

云山环拱

汇波晚照

（3）汇波楼与名士

元代著名散曲家、济南人张养浩登临汇波楼，以"何处登临思不穷，城楼高倚半天风"形容汇波楼当年的巍峨雄奇。诗中最后一句"浓妆淡抹坡仙句，独许西湖恐未公"，则表达大明湖景致不让西湖的自豪。

清代诗人阮元雨后来到汇波楼，以"湖里荷花百顷田，湿香如雾绿如天"抒发登楼赏荷的惬意之情。游遍大江南北的乾隆皇帝则用"一湖止水清无滓，四野来牟绿上皋"来描绘俯瞰大明湖之所见。而这些对大明湖的赞许，多半都是汇波楼的"功劳"。

（4）曾巩展览馆

2019 年，在曾巩诞辰 1000 周年之际，大明湖景区在汇波楼开辟了曾巩展览馆。

曾巩木像

楼南一层檐下，悬挂"曾巩展览馆"匾额，两侧抱壁楹联为"文同江汉永传盱水千秋誉，德被古今长荐泺源一瓣香"。上联评价曾巩的文学成就，下联赞美曾巩以德治州。一层曾巩木雕像位于展馆中央，周围是曾巩的人生经历以及任齐州知州时的措施和政绩。展馆二层呈现的是曾巩的文学成就，回廊地上镶嵌着用铜片制成的曾巩作品题目。抱柱楹联为"湖开书境七桥月，城沐恩波北水门"这里的"七桥月"指的是"七桥风月"。七桥风月，顾名思义，是由七座石桥组合而成的一组景观，七桥分别是芙蓉桥、百花桥、秋柳桥、水西桥、鹊华桥、湖西桥、北池桥。古时候这七座桥环绕在大明湖周围，景色奇丽世称"七桥风月"。

若傍晚登楼，向南俯瞰，南丰祠内，晏公台上，钟亭飞架，古柏杈桠，满院杨柳垂荫，修竹郁森；院南一片荷红，远处波光粼粼，斜阳返照，晚霞尽染，万丈光辉，世称"汇波晚照"，为古时济南八景之一。[①]

2. 曾堤

曾堤，原名"百花堤"，是大明湖景区内一道著名的长堤。它最初由宋代文学家曾巩修建，是利用疏浚湖水时挖掘出的泥沙筑成，旨在分隔湖水，方便交通，并起到防洪泄洪、平衡水位的作用。

堤上遍植杨柳竹桃，形成了一道美丽的风景线，与周围的湖光山色相映成趣。曾堤连接大明湖的南岸和北水门，将湖面水域分为大明湖与东湖两部分。堤上有五座景观桥，自南向北依次为百花桥、凝雪桥、竹韵桥、南丰桥、汇波东桥，每座桥都有其独特的风景。

---

① 张福山，济南市史志编纂委员会. 济南市志 1[M]. 北京：中华书局，1997.

曾堤

　　明湖新八景之一曾堤萦水位于南丰桥南端，现有"曾堤萦水"的石刻。站在桥上，可以欣赏到波光粼粼的湖面和远处的美景，感受到济南的独特魅力。如今，曾堤已经成为大明湖景区内最受欢迎的景点之一，漫步在曾堤上，可以感受到济南的历史文化和自然风光的完美结合。无论是白天还是夜晚，曾堤都有着不同的魅力，让人流连忘返。

七、超然致远

　　大明湖岸边有两个江北第一，一个是前面讲过的江北第一园"遐园"，今天咱们来讲一下另一个江北第一。它就是著名的"网红"打卡地"超然楼"。

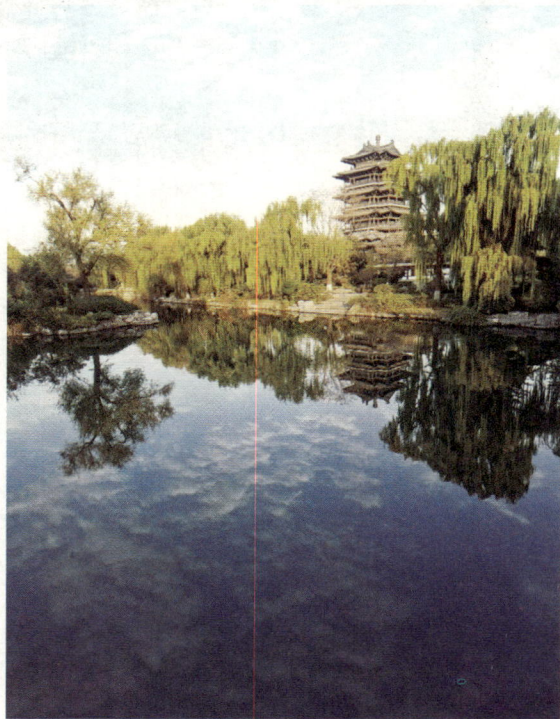

超然倒影

　　现在展示在世人眼前的超然楼是 2008 年 8 月重建的，所以只能算是名胜而算不上古迹。但这丝毫不影响大家对它的喜爱，不影响它蕴藏的研学价值。

（一）超然楼的历史

超然楼，位于山东省济南市大明湖东畔，是一座历史悠久且具有深厚文化底蕴的建筑。

它始建于元代，由当时的著名大学士李洞主持建设。李洞，是一位多才多艺的书法家和文学家，擅长篆隶真草等多种书体，被誉为"篆隶真草俱精致"的著名书法家。

据《元史》记载，其生卒年不详，但经过后人的考证，普遍认为他生活在至元十一年（1274）至至顺三年（1332）之间。李洞，山东滕州人，字溉之，曾授翰林国史院编修官，后官拜奎章阁承旨学士，参与编纂《经世大典》。据《历城县志》记载，这位元代大学士在济南时，因为迷恋大明湖的秀美景色，于是在大明湖水面亭的后面修建了超然楼，作为自己的居所。现超然楼二楼就保存有李洞的《采过江诗》的拓片。县志还记载了李洞在大明湖建的另外几处亭子，其中较为有名的是天心水面亭。此亭名称的由来据李洞自己称："臣洞之居，在大明湖上，壅土水中而为亭，可以周览其胜，名之曰'天心水面亭'。"亭名取自宋代邵雍诗"月到天心处，风来水面时"。

1. 超然楼名字的由来

超然楼的命名，源自宋代文豪苏轼所建、苏辙命名的超然台。李洞对苏轼抱有深深的敬仰之情。他渴望仿效苏轼的超然之志，追求那种超脱世俗、不为权势所困的生活态度。因此，在修建时以"超然"为名，取名"超然楼"，以此表达他离尘脱俗、不受拘束的志向。

2. 超然楼的重生

超然楼尽管历经风霜几经兴废，早已坍圮。直到2007年，大明湖扩建工程开工后，2008年才得以重建。2007年以前超然楼这一带，是济南一条历史悠久的街道，叫作"南北历山街"。

老济南对这条街并不陌生，全长 670 米的南北交通道路，位于大明湖东侧，因其可南望千佛山（历山）且是南北走向而得名。这条街原是东湖中的一条小路，街北口城墙内侧有水月寺（原址约在大明湖东门南侧）和白衣庵，路两侧全是水田。清朝末年，居民住宅渐从南边向北增建。然而，随着城市的发展，这条街道也经历了变迁。

2007 年，大明湖景区扩建时，南北历山街由市政道路变身为一条景区游园道路，串起了超然致远和竹港清风两大景点，不再承担市政交通的任务。现在，它已成为大明湖景区内一条富有历史韵味和自然景观的道路，吸引着众多游客前来游览。为了传承历史文化，超然楼在 2008 年进行了重建，并于 2009 年正式对外开放。

（二）超然楼景区

超然楼坐西朝东，屹立于明湖水畔、绿荫之上，为仿宋代阁楼式建筑，巍然坐落在宽大的花岗石台基之上，与博艺堂、阁子戏台、贺胜斋共同形成了一个集大气恢宏与精巧别致于一身，总建筑面积 7473 平方米的建筑群。超然楼高耸挺拔，两端群楼（博艺堂、贺胜斋）左右拱卫，整个建筑群浑然一体，犹如庄子笔下的巨大鲲鹏，在碧水蓝天中，迎东来之紫气，欲展翅翱翔。

超然楼将大明湖的新旧八景有机进行了串联。以东西向的鸟啼绿荫、超然楼、博艺堂、环波岛，串起了历下秋风、明湖秋月。以南北向的鹊华桥、超然楼、阁子戏台、曾堤、汇波楼，串起了鹊华烟雨、曾堤萦水、明昌晨钟、汇波晚照，形成了占地 2.4 公顷的超然致远景区。

1. 超然楼简介

超然楼建筑面积达 5673 平方米，坐落在宽大的汉白玉石基上，顶覆铜瓦，楼高 51.7 米，上下共分七层，气势非常宏伟，被誉为"江北第一楼"。

作为一座大型楼阁式建筑的超然楼，从外观上看充满了古朴与典雅的气息。它以铜瓦、铜栏、铜门、铜柱为装饰，显得气势宏阔且典雅大气、巍峨挺拔、蔚为大观，有"超然铜瓦金"之说。

超然楼

超然楼整体采用了典型的寿山石建筑结构，四周环绕着水面，使人在楼内能够感受到水与建筑的和谐共生。此外，超然楼的外观还融入了中式飞檐、斗拱和彩绘的装饰元素，这些元素不仅增添了建筑的艺术感，也展现了中国古代建筑艺术的独特魅力。在细节处理上糅合了南方传统建筑的素雅、精巧、别致的手法，使得整个建筑既有北方的大气雄浑，又不失南方的精致细腻。

超然楼二、三层及地下层以展览为主，四、五、六层以观景为主。超然楼与博艺堂回廊组合，可以满足各种不同种类展览的需求，还能运用外廊这一空间与室外空间进行组合过渡。而阁子戏台、贺胜斋则采用U形空间围合，并通过树阵广场与超然楼虚连接，动静分开，彼此联系却别有天地。①

此外，超然楼还因其深厚的历史文化底蕴和独特的建筑风格，于 2021 年

---

① 中国风景园林学会.第一届优秀风景园林规划设计奖获奖作品集 [M].北京：中国建筑工业出版社，2012.

加入中国名楼协会,被列为"中国历史文化名楼"。它不仅是一座建筑,更是一段历史的见证,一种文化的传承。

2. 匾额

楼东,书法泰斗欧阳中石题写的"超然楼"匾额悬挂在第三层上面;而第五层"湖光山色"的匾额是乾隆皇帝的御笔。最高处"超然致远"的匾额是济南著名书法家魏启后所题写。

楼南,有中国画院院士,中央美术学院黄永玉教授题字的"栏杆拍遍"匾额,取自南宋济南词人辛弃疾的《水龙吟·登建康赏心亭》。

楼西,有匾额两块,一块是集王铎字"碧天垂影",取自唐宋八大家之一曾巩咏大明湖的山水名胜诗词《西湖》;另一块为集米芾字"齐烟岱云","齐烟"取自齐烟九点,是指在千佛山"齐烟九点"坊处北望所见到的卧牛山、华山、鹊山、标山、凤凰山、北马鞍山、粟山、匡山、药山九座孤立的山头。"岱云",是说济南的山脉,是泰山山脉的延续。

楼北,有集苏轼字"鹰起超然"匾额,取自宋朝诗人苏轼的《送宋君用游辇下》。

超然楼这种一楼多匾的设计风格与黄鹤楼、岳阳楼和滕王阁这江南三大名楼有异曲同工之妙,彰显了历史的渊源和精神内涵,起到了画龙点睛的效果,是著名亭台楼阁不可忽视的重要元素。

3. 楼前一览

楼门两侧的石柱上蓝底金字悬挂着"寄兴超然物外,承天德化心中"楹联,楹联既表达了一种追求精神自由和人生境界的理想状态,又强调了道德教化和顺应自然规律的重要性。楼前的汉白玉台阶分为上下两组,每组各有九级阶梯,寓意山水无疆,大吉大利。台阶两边是汉白玉栏杆,中间是四块汉白玉雕花的丹陛石,雕刻图案均为荷花清流,这充分体现了大明湖的特色。

在整体外观的设计上，采用了错层平台的形式，通过高低错落的石阶和平台相连接，力求打造一个能够引领控制整个景区的琼楼玉宇。

4. 内有洞天

超然楼的外观虽然已是独具匠心、雄伟壮观了，其实内部更是别有洞天。超然楼有七层，地下一层，地面六层，每一层都各具特色。墙围、立柱、藻井等处可见大鹏、荷花、柳树等元素。为方便游客参观，超然楼分别在楼的中间和北侧安装了两部电梯，电梯里有每一层的简介。

楼梯有两个入口，分别在南北两侧，无论是从哪个入口上楼，每一台阶装饰铜条上都镌刻着大明湖著名的景观和典故：画船烟波、曾堤萦水、沧浪荷韵、波光枕上、波平鱼跃、出水荷香、秋柳含烟、历下秋风、鸟啼绿荫、七桥风月、柳岸春深、明昌晨钟、紫荷听泉、春色杨烟、秋容芦雪、超然致远、阴雨不涨、丛云苇绿、冬泛冰天、佛山倒影、竹港清风、汇波晚照、钟鸣蛙静、丹坊耀日、荷香北渚、稼轩幽韵、夏挹荷浪、久旱不涸、明湖秋月、鹊华烟雨、退园好音、云影湖心。这样的设计一是起到了防滑的作用，二是在细微中让游客融入泉城，处处体现济南文化元素。

5. 一楼

超然楼一楼为泉水文化电子体验馆。展馆共分为：序、泉生济南、湖畔听泉、曲水流觞、济南胜景、泉水园林、泉城传奇、泉耀世界八个展区。展馆充分利用了 3D、拼接、投影等技术手段，在这里你可以跟随虚拟主持人"老残"穿越时空，感受家家泉水、户户垂杨的老济南市井生活。

"序"体验馆是第一部分，一出电梯，迎面便是挂有"济南府"匾额的仿制城门，一下把我们拉回到了百年前的老济南。城门前有两个巨大石柱，右侧石柱刻有刘鹗《老残游记》中的"到了济南府，进得城来，家家泉水，户户垂杨，比那江南风景，觉得更为有趣"和盛百二"历下之泉甲海内，著名者七十二，名而不著者五十九，其他无名者奚啻百数"。左侧石柱刻有老舍作品中的"上帝把夏天的艺术赐给瑞士，把春天的赐给西湖，秋和冬的全赐给了济南"和马可·波罗夸赞济南的"园林美丽，堪悦心目，山色湖光，应接不暇"。旁边还有著名导游"老残"骑着毛驴利用 3D 投影，欢迎每一个来往的游客。

进了"济南府"就来到了第二部分"泉生济南"，左面是按 1 ：1200 比例制作的 1911 年圆形济南城区概览。从这里可以了解到百年前的整个济南城市的面貌。右面是泉水之都浓缩景观，并配有历史名人描写趵突泉、黑虎泉、珍珠泉、五龙潭的著名诗句，以及济南泉水历史的介绍。

继续前行是第三部分"湖畔听泉"，这部分的大型全息投影呈现的是《如梦令·常记溪亭日暮》的场景。投影对面有飞檐斗拱，雕梁画栋的"溪亭"，人们可以在亭内一边休息，一边欣赏李清照泛舟于藕花深处所带来的美好景色。

第四部分是"曲水流觞"，讲的是生活在泉边寻常百姓的故事。这里有老式庭院的大门，有老舍故居，有明湖居，有榴园，有曲水亭，生动刻画了老济南百姓日常生活的场景。

"济南府"城门

"济南胜景"是第五部分,这部分全部是通过全息投影,大面积地将济南八景、明湖八景以及《鹊华秋色图》,循环式地为大家展示。在这里可以一览济南最著名的景色,置身其中有一种身临其境的感觉。

第六部分是"泉水园林",济南是一座传统文化气息浓郁的园林城市,湖光山色与城市园林相得益彰。济南园林兼具南北园林的风格,以天然山水脉络构成园林骨架,追求自然情趣,妙以水景取胜,自然美与人工美相得益彰。园林营造与城市建设相结合,形成四面荷花三面柳,一城山色半城湖的秀美景观,使济南古城成为北方罕见的山水园林城市。该部分以展板介绍的形式为大家普及了济南名园、济南名胜。浓缩景观有两处,一处为背景以超然楼为主的大明湖景色图,图前布满了荷叶与荷花。另一处是建在两个方柱之间狭长的园林造景施工模型,该模型展示了园林造景过程中的重要环节,如夯土、原材料搬运、屋架搭建、瓦面铺设、植被栽种、地面拼铺、石材加工等。场景制作生动,人物动作惟妙惟肖。

第七部分是"泉城传奇",泉水是济南这座城市的灵魂。翠湖青山、曲水潺湲,孕育出一代又一代名人贤士,也醉倒了无数的迁客骚人。唐代大诗人李白、杜甫,唐宋八大家的苏轼、苏辙、欧阳修、曾巩,以及李清照、辛弃疾、黄庭坚、赵孟頫、元好问、刘凤诰、郑板桥、康熙、乾隆,到近现代的刘鹗、老舍等人,为这里的泉水题写过流芳千古的诗词文赋,留下了精妙绝伦的碑刻墨宝,为济南这座历史文化名城增添了更为丰厚的文化内涵。千百年过去了,名士们已经在历史的沧桑风雨中远去,唯有清泉长流,吟唱着当年的风流。"舜泉的传说""乾隆皇帝与济南名泉""蒲松龄与大明湖""曾巩的名泉情愫""秦琼与五龙潭""康熙帝三巡济南名泉""李清照与漱玉泉""赵孟頫和趵突泉""刘鹗笔下的济南名泉",这些名人与泉水的故事为济南成为历史名城提供了依据。"趵突泉涌""珍珠泉的传说""洪范池传说""龙吟琵琶""回马泉""秦府沉潭",关于泉水的传说故事为济南添加了神秘色彩。这部分还以实物的形式展出了石井、石匾和斗拱、雀替。

最后是第八部分"泉耀世界",这部分的主题是泉水联盟,打造济南泉水品牌。通过照片将济南新八景呈现给大家,以"泉"为媒,迎接八方来客。赵孟頫"泉水甲天下"大型石匾为整个泉水文化体验馆做了总结。

6.二楼

超然楼二层展览面积最大,也是供游客出入的一层。可以分为前厅、后厅和北厅。

(1)前厅

一进大门是前厅,正对面是一幅高八米、宽六米的大型木雕画《泉城览胜》,堪称"江北木雕之最"。整幅作品用楠木雕刻而成,边框用的是红花梨木,表面涂亚光漆。因为楠木具有千年不枯不朽不腐的特点,色泽古色古香,在过去曾是皇宫的专用木材,所以《泉城览胜》极其珍贵,令人震撼。

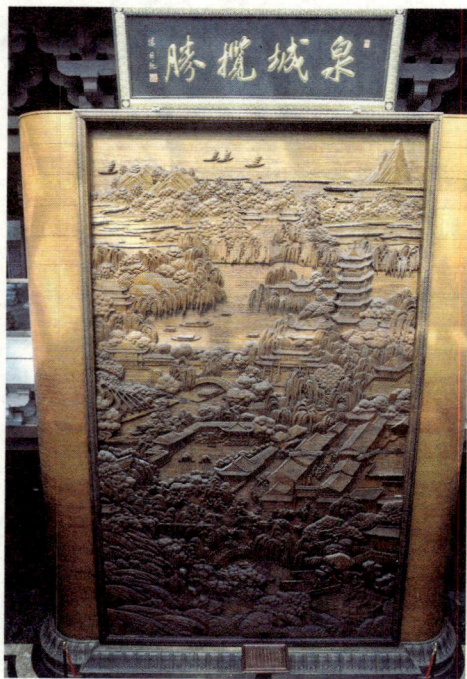

《泉城览胜》

《泉城览胜》遵循了上北下南左西右东的布局,有机融合了济南的山、泉、湖、河、城五大元素。自上而下雕刻有黄河扬帆,鹊、华二山,四大泉群,大明湖及周围的历下亭、北极庙、超然楼,还有济南老街巷芙蓉街,环绕泉城的护城河,最下面是千佛山。静观画面,横桥集水,荷柳辉映,树木枝繁叶茂,亭阁错落有致,泉水穿街走巷,人物姿势、动态变化多而生动,景物层次丰富,又不失来龙去脉,体现了泉城丰富多彩的自然景观和积淀厚重的历史文化内涵。

　　前厅正门两侧有两口印有《鹊华秋色图》和"超然致远"图案的巨型瓷缸。三楼也有五口这样的瓷缸，但是没有这两口大。瓷缸放到这里，一是作为瓷器供游客欣赏，二是作为一种装水的消防设施，在发生火情的时候用于灭火。中国有摆放瓷器的习惯，瓷器是中华文化的重要代表，商代中期就出现了原始瓷器，是劳动人民智慧的结晶，具有悠久的历史和深厚的文化内涵，合理摆放可以展现文化品位和审美情趣。从艺术角度来看，瓷器本身就是一种极具观赏价值的艺术品。摆放瓷器可以美化环境，增添生活的艺术气息。因此这两口巨型瓷缸可以说融合了文化、艺术和防火多种元素。

　　前厅上方挂有象征团圆、吉祥、辟邪的十六个硕大圆形仿古灯笼，显得十分庄重肃穆。

　　《泉城览胜》的两侧分别是《龙吐九鲤》和《万马奔腾》两幅巨型根雕。南面的《龙吐九鲤》为龙眼木雕刻而成。取自中国古代神话：鲤鱼跃龙门，化身为龙升天而去。"鲤鱼跳龙门"是传统的吉祥图案，即将腾空而去的鲤鱼，寓意飞黄腾达、奋发向上。

《龙吐九鲤》

　　北面的《万马奔腾》木雕采用一棵千年金丝古香樟树雕刻，形态各异的五十六匹骏马，代表五十六个民族，寓意中华民族大团结。

《万马奔腾》

　　《龙吐九鲤》木雕西侧设有两个镶在方柱之间的封闭玻璃展柜。第一个展柜里面摆放了两件珍贵的青花瓷器，一个是盘状，一个为短口瓶状。第二个展柜里面陈列着李洞《过采江诗》拓片和黄庭坚《松风阁帖》拓片。《过采江诗》原碑镶嵌在采石矶景区最高处的蛾眉亭上，碑高五尺九寸，宽三尺九寸，字计十三行，草书而成。碑文："月夜过采石江诗呈樵隐学士兄，兼示吾徒李止顺文同发一笑。空江偃仰见明月，月向天心散冰雪。扪天恍惚与天语，桂树琼枝纷纠结。倏疑枯槎泛河汉，又似山阴理归楫。美人不来江水深，独对风烟正愁绝。欲愁绝兮奈此怀，征帆茫茫江上开。黄芦风起鸟声至，千里一望银山来。银山嵯峨隔沧海，海上群仙复谁在？巨鳌已没三山沉，扶桑萧条失光彩。丹砂不逐儿童归，旷怀更为秦人悲。英雄去国彼其志，想象金阙空葳蕤。笑呼白云觞我酒，翠叠连山作窗牗。狂风吹月落西去，水气冥冥澹星斗。夜深忽到蛾眉亭，紫鳞欲去江潮生。^①"

《松风阁帖》为北宋著名诗人、词人、书法家，"江西诗派"的开山之祖黄庭坚所书，李泂为其题跋。1323年暮春，元世祖忽必烈的直系曾孙女祥哥剌吉（约1283—1331）在大都（今北京）举办了一场类似"兰亭"的雅集。在这次雅集中，公主将她所藏书画提供给与会者欣赏品鉴，并请他们为作品题跋。受邀请的人中就有李泂。从题跋的顺序看，他是第三位题写者。跋文："东坡游惠州松风亭，一悟得熟歇处，涪翁于此亦云，相看不归卧僧毡。闻香击竹，同见如来，风鸣松耶，松鸣风耶。至治三年季春廿有三日，监修国史长史李泂，奉皇姊大长公主教，拜手稽首敬书。"

展柜里还有中国北宋诗人、词人、书法家、美工师季成民创作的元代大学士李泂画像，这让超然楼的文脉传承赓续有章。

《万马奔腾》木雕西侧也有两个同样的展柜。第一个里面摆放着的依然是两件珍贵的青花瓷器，只是形状有所不同，一个为圆柱状，一个为长口瓶状。第二个里面陈列着蒲松龄画像和不同时代、不同版本的《聊斋志异》，还有现代文学家、史学家郭沫若评价蒲松龄的对联："写鬼写妖高人一等，刺贪刺虐入骨三分。"意思是，蒲松龄的作品里写妖魔鬼怪比平常人高一等，对贪婪的讽刺入骨三分。

《泉城览胜》的背面是仿台北"故宫博物院"藏，乾隆题写"鹊华秋色"的元代赵孟頫《鹊华秋色图》卷。图前又有一大型木雕，名曰"千福百财"，其实就是一个雕刻精美、栩栩如生竖着的白菜，白菜寓意千福百财。这个木雕白菜是用酸枝木雕刻，深褐色的纹理，雕刻细腻、精彩绝伦，是一件难得的艺术品。

八景览胜

二楼四周墙面上镶嵌趵突腾空、锦屏春晓、龙潭观鱼、黑虎啸月、佛山赏菊、

---

① 《雨山撷英》编写组. 雨山撷英 [M]. 合肥：安徽大学出版社，2017.

鹊华烟雨、白云雪霁、灵岩胜境济南八景木雕。

《趵突腾空》刻画的是趵突泉的美景。趵突泉为济南七十二名泉之首，被誉为天下第一泉。泉源上奋，水涌若轮，古人赞曰："云雾润蒸华不注，波涛声震大明湖。"被视为济南奇观。

《锦屏春晓》刻画的是济南龙洞附近的美景。龙洞自古为济南名胜，山势奇绝，壁立千仞。每逢春日，桃花迷径，蜂蝶起舞，丹碧点缀，晓霞掩映，绚若锦屏。

《龙潭观鱼》顾名思义是五龙潭的景色。五龙潭位于五龙潭公园内，水面宽阔，青藻浮动，锦鱼穿梭，池周花木扶疏，微风吹过，落英缤纷，漂浮于水面，呈现出一幅动人画卷。

《黑虎啸月》刻画的是济南著名黑虎泉三个虎头喷水的壮景。黑虎泉位于济南护城河东端，为一天然洞穴，水自"虎口"涌出，轰然作响。尤其是月夜，惊人的水声犹如猛虎吼天。故诗人吟："半夜朔风吹石裂，一声清啸月无光。"

《佛山赏菊》无疑是黄菊开满千佛山的景色。千佛山是著名的佛教圣地，济南三大名胜之一，山上梵宇僧楼，松萝蒙荫，风景优美。金秋时节，寺内寺外，山上山下，菊花遍地，如洒满黄金，清风吹来，馨香扑鼻。

《鹊华烟雨》刻画的是济南北部鹊、华二山的美景。站在大明湖鹊华桥上向北眺望，济南北部鹊、华二山，林木青翠，遥相对应，四周水村渔舍，云雾缭绕，近处大明湖渚生蒲苇，水浮涟漪，微风轻浪，舟载歌声，景色如诗如画。

《白云雪霁》刻画的是雪后珍珠泉畔白云楼的美景。珍珠泉畔有座始建于元代的白云楼，雪后登楼，凭栏远望。晴光四野，白云缭绕，楼下水雾上浮天际，宫殿隐现于烟霭之中，悦人心目。

《灵岩胜境》刻画的是济南另一佛教名刹的壮观景色。灵岩寺坐落于泰山西北麓，历史悠久，古迹荟萃，自然景观秀美，文化底蕴丰厚，位列"海内四大名刹"之首。

（2）后厅

　　二层后厅四周展览的是山东籍书法家和画家的作品，其中不乏"关黑弭岳"即关友声、黑伯龙、弭菊田、岳翔书四位老艺术家的作品。1964 年，在北京举办了全国第四届美术作品展览，参加这次展览的山东艺术家的作品，后来被送到了大明湖景区进行展出。如今，超然楼中展出的，正是当年的作品真迹。

　　后厅中间摆放的是超然楼的镇楼之宝《鲲鹏展翅》大型木雕。这个作品由龙眼木雕刻，巨鹰翅长 4.5 米，双目炯炯，展翅欲飞。《鲲鹏展翅》后面嵌有大型铜雕《明湖荷花会》，抱柱楹联为刘凤诰 "四面荷花三面柳，一城山色半城湖"。

镇楼之宝《鲲鹏展翅》

（3）北厅

　　北厅设有《老残游记》陶艺馆。这座陶艺馆占地面积达 388 平方米，以清末文学家刘鹗的经典小说《老残游记》为蓝本，生动再现了老济南的历史风貌，尤其是大明湖畔的市井风情。馆内共有陶俑七百余个，这些陶俑分别在济南和临朐两地烧制而成，形态各异，栩栩如生。《老残游记》陶艺馆不仅是对《老残游记》这部文学经典的致敬，更是对老济南历史文化的传承和弘扬。它让游客在欣赏艺术的同时，也能深入了解那个时代的风土人情，是一次难得的文化体验之旅。

《老残游记》陶艺馆一角

①话说老残

在《老残游记》中老残是作者刘鹗对于理想人物的塑造，是一个充满传奇色彩的人物。老残既是一位游历四方的江湖医者，又是一位心怀家国天下的侠者。他的形象深深地映入了读者的心中，成为这部小说不可或缺的灵魂人物。老残原名铁英，号补残，江湖人称"老残"。他出生于一个并不富裕的家庭，其父为候补道员，但终未获实授。然而，老残并未因此沉沦，反而通过自学医术，成为一名行走江湖的医者，他医术高明，治愈了许多疑难杂症，因此声名大噪。老残并不满足于仅仅做一个医者。他心怀家国天下，关心国家和民族的命运，同情人民群众所遭受的痛苦。他用自己的医术和侠胆义肠，

尽其所能解救人民的疾苦。在游
历的过程中，他不仅医好了许多
人的疾病，还揭露了一些官员的
腐败和暴行，为民除害。他既有
着医者的仁爱和智慧，又有着侠
者的勇敢和正义。他的形象不仅
让读者感到钦佩，也引发了读者
对于社会现实的深刻思考。通过
他的故事，读者不仅能够领略到
江湖的传奇色彩，也能够感受到

老残

作者对于社会现实的深刻关注和批判。

　　陶艺馆参照老残的游览路线，设计出了十五个老济南代表景点（街巷），
十五个场景分别为：鹊华桥畔、明湖泛舟采莲、明湖居听书、府衙、泉水人家、
王府池子旁、文庙、芙蓉街、舜井、趵突泉、黑虎泉、五龙潭、剪子巷、山
水沟大集、佛山山会。其中，"鹊华桥畔"和"明湖泛舟采莲"两个场景尤
为引人注目，它们生动地展现了老残在大明湖的所见所闻，仿佛能让人穿越
时空，亲身感受那个时代的风情。通过陶人的夸张表情、肢体动作、交际活动，
配合场景、道具，生动形象地描摹出清末民初济南的市井风情。

　　这些陶俑中，灵魂人物老残骑在毛驴上的形象高达一米，其他人物的高
度多为二十余厘米。陶俑的制作使用了彩陶工艺，表情生动而夸张，嬉笑怒
骂皆成文章，充分展现了陶艺家们的匠心独运。

　　《老残游记》陶艺的作者汉方，原名韩昉，被山东陶瓷工业协会评为山
东省陶瓷艺术大师，2019荣获"山东省工艺美术行业技术能手"称号。这组
陶艺雕塑2010年落户于大明湖超然楼，将会永久性展出。

　　②清省城街巷全图

　　《老残游记》陶艺馆门前挂有一幅《清省城街巷全图》铜雕。这是一幅

详尽描绘清代济南城市风貌的珍贵地图。在这幅地图上，可以清晰地看到济南古城的街道布局、建筑风格以及重要地标。

首先，济南《清省城街巷全图》展示了济南古城的街道布局。街道纵横交错，井然有序，构成了济南独特的城市肌理。同时，地图上还标注了各个街巷的名称，使人们可以更加直观地了解济南古城的街道结构。其次，这幅地图还展现了济南古城的建筑风格。古老的建筑群错落有致地分布在街道上，形成了独特的城市风貌。这些建筑既有传统的四合院，也有庙宇、官署等公共建筑，它们共同构成了济南古城的建筑特色。此外，地图还标注了一些重要的地标，例如大明湖、趵突泉等自然景观，以及城墙、城门等防御设施都在地图上得到了呈现。这些地标不仅是济南古城的重要组成部分，也是济南历史文化的重要载体。

《清省城街巷全图》

通过济南《清省城街巷全图》，我们可以更加深入地了解清代济南的城市风貌和历史文化。同时，这幅地图也为后人研究济南的历史变迁提供了宝贵的资料。如今，随着城市的发展，济南的面貌已经发生了很大的变化，但这幅地图仍然能够让我们感受到济南古城的历史韵味。

7. 三楼

超然楼的三楼不仅可以俯视《泉城览胜》，还可以参观泰山墨玉雕刻作品《泰和宝玺》和《明湖春色》《清荷飘香》大型木雕展。

出中间电梯，南侧是国家一级美术师、中国美术家协会会员、山东省文史馆馆员张宝珠所画的《秋柳含烟》图。北侧是国家一级美术师、中国美术家协会会员、中央文史馆书画院研究员、济南市文联主席吴泽浩所画的《超然致远》图。

（1）泰和宝玺

被誉为"中华第一印"的《泰和宝玺》摆放在正中央，宝玺质密细腻，光滑乌亮，花斑玉五彩相间，斑斑驳驳，碧玉晶莹剔透，绿如夏荷，用有着二十六亿年历史的泰山墨玉作为材料。由当代著名篆刻家马子恺先生创作。

《泰和宝玺》重达两吨多，高度为 1.545 米，是泰山海拔的千分之一；宝玺周长为 2.565 米，周长数字为作品完成当年的孔子纪年；红檀宝座重达一吨多，高 0.65 米，寓意宝玺落成于中华人民共和国成立 65 周年，四周雕刻水纹寓意是江河湖海；印面篆刻"政通人和"，印的四面以孔子时代文字古篆书刻季羡林先生遗篇名作《泰山颂》。

《泰和宝玺》

《泰山颂》："巍巍岱宗，众山之巅。雄踞神州，上接九天。吞吐日月，呼吸云烟。阴阳变幻，气象万千。兴云化雨，泽被禹甸。齐青未了，养育黎元。鲁青未了，春满人间。星换斗移，河清海晏。人和政通，上下相安。风起水涌，处处新颜。暮春三月，杂花满山。十月深秋，层林红染。伊甸桃源，谁堪比肩。登高望岳，壮思绵绵。国之魂魄，民之肝胆。屹立东方，亿万斯年。"宝玺巧妙地将"一山一水一圣人"等诸多中华人文代表元素融为一体，是玉文化、印文化、儒家文化、书法艺术的集大成之作。堪称盛世玺印作品之中的巅峰之作，代表了源远流长的中华文化。其既体现了世界自然文化遗产——泰山的巍然壮美，又展示了世界非物质文化遗产——书法篆刻的中国传统文化和审美理念。复刻缩微版宝玺荣获"2015 米兰世博会金奖作品"。随着时间的推移，《泰和宝玺》必将成为中华文化的永恒经典符号。

抱柱楹联

《泰和宝玺》两侧抱柱楹联："窗含东海蓬瀛雨，槛俯南山岱岳云。"此联为中国书协理事、山东书协副主席、济南诗词协会副会长魏启后所题写。龙门对长联由济南社科院副院长荣斌先生所撰，张仲亭书写，将全国名楼与山东名士巧妙地融合在一幅长联之中，被称为"济南第一长联"。上下联共220字表达了超然楼向中华名楼看齐的决心，也彰显了山东名士辈出、文化厚重的底蕴。上联："乘兴登斯楼，依栏极目，远山如云，平湖若璧，似可见大河入海，长江翔鹤，豫章落霞，洞庭皓月，且遥想嘉兴烟雨，越秀镇海，浔阳琼浆，蓬莱蜃景，不妨静心品味，崇丽诗情，天一书香，大观绝对，甲秀明联，更当一一数点，东昌光岳，热河文津，金陵阅江，长安钟鼓，顾盼间，尽收九州瑰楼胜概。"下联："临风揖历下，凭轩凝眸，古柳摇翠，新荷映红，尝忆及虞舜躬耕，扁鹊巡医，邹子论辩，伏胜传经，更记得稼轩豪气，易安清愁，少陵绝唱，松雪丹青，最宜把酒清吟，子固雄文，无咎雅赋，云庄乐府，中麓词曲，尚待比比激赏，沧溟古风，阮亭神韵，留仙说狐，铁云记游，遐想时，顿领济南名士风流。"通过这副楹联，可以感受到济南作为历史文化名城的独特魅力。

（2）两厅木雕

《明湖春色》木雕摆放在三层南厅，这幅大型木雕作品，以大明湖正门为中心，细腻地刻画了远处的山、中间的水和近处的柳，呈现了春天的生机盎然。仿佛可以看到湖面上波光粼粼，岸边柳树轻轻摇曳，各色花朵竞相开放，每一处细节都充满了春天的气息。站在木雕前，仿佛能听到鸟儿的欢歌，闻到春天的芬芳，让人心旷神怡。背面是一幅仿古的《兰亭集序》书画。

《清荷飘香》在北厅，尺寸与《明湖春色》一样，都放在特制的紫檀架上面。清荷飘香木雕是以荷花为主题，展现了荷花清雅脱俗的韵味。木雕中的荷花栩栩如生，花瓣层叠，荷叶翠绿，仿佛随风摇摆。更妙的是，人们似乎能闻到木雕中散发出的淡淡荷香，让人仿佛置身于荷塘之中，感受到那份宁静与美好。背面有落款为"乾隆庚申嘉平月吴兴沈铨"的一幅名画。

在三层南北两厅的西面分别设有"畅怀"和"静观"两个小型茶社，主要用于接待重要客人。

8. 四楼

超然楼的四层陈列了十块雕刻精美的大型泰山玉雕。泰山玉蕴藏量极少，有"镇山玉"之称，为蛇纹石质玉。

泰山玉质密块状，质地细腻温润，颜色以绿色为主，有碧绿、暗绿、墨黑等色，石中含有黑黄色的斑点，不透明至半透明，玉石具有油脂、蜡状光泽。泰山玉含有磁铁矿的小黑斑，也有粒径小于 1 mm 的星散分布的黄铁矿，点点金光，更添神奇之美。精心雕刻而成的泰山玉具有极高的艺术价值和收藏价值。这里的每件展品都是令人叹为观止的艺术品。

《鹰击长空》，雄鹰振翅飞翔于辽阔的天空，喻有雄心壮志，在广阔的领域中施展才能。

《龙凤呈祥》，龙凤是中华民族的象征。龙象征着权威和尊严，凤象征着才艺和吉祥。所以才有"龙凤呈祥"的典故。我们的祖先把龙凤视为逢凶化吉、呼风唤雨的吉祥神物，它们寄托了祖先对幸福生活的向往和企望。

《仙人论道》，呈现了众仙会集松柏台上，仰望云间，口诵祝词的情景，寓意无疆之寿的祥瑞。松柏寿石、仙禽蟠桃、祥云瑞霭等景物，更将吉祥含义表现得淋漓尽致。

《寿比南山》，寿星又叫南极老人星，古人认为南极老人星可以预兆国家寿命的长短，也可以给人增寿，成了长寿的象征。神话故事中的神仙"寿星"天庭饱满、鹤发童颜，手捧仙桃，含笑而立，那慈祥和蔼的面容，令人感觉可亲可敬，手抱寿桃，象征长寿安康。

《九龙盘柱》，龙是中华民族的象征，整个龙体处处都渗透着力量与内涵。九条龙龙头向上，蓄势待发，精神十足，沉稳矫健，象征着生机勃勃，蒸蒸日上，九九归一，天长地久。

《钟馗醉酒》，钟馗是中国传统文化中的赐福镇宅圣君。是个才华横溢、满腹经纶的人物，平素正气凛然，刚直不阿，待人正直，肝胆相照。作品将钟馗形象表现得淋漓尽致，又以珍贵的泰山玉为材料，更有百邪不侵之感。

《如意平安》，乾隆皇帝有云："处处座之旁，率常陈如意"，意思是在宫里任何一个宝座旁边，通常都会摆放一把如意，以示吉祥、顺心。而"瓶"谐音"平"，有平安之意。用"镇山玉"之称的泰山玉作为材料，主体由瓶中的如意构成，辅以白菜的形象，寓意如意平安、清白。

《仙山琼阁》，造型大气磅礴。山浪峰涛，层层叠叠。山上的楼阁、牧童构成了一幅雅趣盎然的风景画，欲将人引入仙境。

《蛟龙戏水》，龙在古代是帝王的象征，帝王器物多用龙做装饰图案。将龙的图案与玉瓶雕琢在一起，寓意平安富贵，吉祥如意。

《百财聚来》，白菜象征坚贞纯洁，寓意财源广进，清清白白。

四层的抱柱楹联"五风十雨成丰岁，万水千山入画图"由擅长大篆的济南人任晓麓撰写。中国美术家协会会员、山东省美术家协会副主席、山东高校书画研究会副主席、山东美术教育研究专业委员会理事长丁宁原，所画明湖八景之一的《七桥风月》挂在中间电梯北侧；由山东工艺美术学院教授、中国美术家协会会员、山东省文史馆馆员、全国优秀教师杨耀（原名杨耀珍）所画明湖八景之一的《明湖秋月》挂在南侧。

9. 五楼

超然楼五层为奇石展。展出的有"云栖峰"和罕见的化石真品。云栖峰为黄太湖石，是太湖石中的极品，色泽金黄、质地如玉，敲击有金属之声。造型呈"头云脚雨"之状，具有传统瘦、皱、透、漏之特点，线条流畅，凹凸有致。驻足观赏，有腾云欲出之势，故名"云栖"。

展出的奇石还有产自湖南省湘西自治州一带的武陵山脉中的"武陵穿孔石"。它的形成过程漫长，质地缜密细腻，每层有天然的洞孔，且洞洞相连。

"雄狮"是一块成形需要上万年甚至几十万年时间的钟乳石，形状酷似一头傲居东方蓄势待发的雄狮。

产自中国广西壮族自治区的来宾石，是一种具有形、色、质、纹、声五大特点的观赏名石。这块奇石如行走的骆驼而得名"驼铃"，其形可谓"鬼斧神工造奇石，千姿百态竞无穷"。

还有光泽剔透、形状奇特，每年只增长大约 1 毫米的钟乳石，随着时间的推移，沉淀物就形成了千姿百态且十分壮观的天然建筑物。这件展品两侧高高耸起，周边及中间颜色各异，形态崎岖蜿蜒，好似一座城池，取名为"城堡"。

展出的化石有恐龙蛋化石，恐龙蛋化石是非常珍贵的古生物化石，全世界范围内发现的数量也有限，尤其是这样完整的并体化石更是稀少。

海龟化石，此类化石是经过上亿年形成的。目前国内仅存三块，这是最大、最完整的一块。

最后一块化石展品是产生于 7 亿至 11 亿年前的一种并体海生物化石，实属罕见。目前还未发现其他的海生物并体化石。

五层的抱柱楹联："一川风露荷花晓；六月蓬瀛燕作凉"由孙天牧所撰写，孙天牧（1911—2010），山东莱阳人，北派山水画家，国画大师。当代画家、教育家，中国美术家协会会员、国家人事部书画艺术委员会一级画师、国家一级美术师聂耕，他所画明湖八景之一《历亭秋风》挂在中间电梯北侧；由中国美术家协会会员、山东省美协副主席、青岛市美协副主席曾先国，所画明湖八景之一的《柳岸春深》挂在南侧。

10. 六楼

超然楼六层是以观光为主的平台，为超然楼的最高层，也是整个景区的制高点，极目远眺，大明湖乃至整个泉城的秀丽景色尽收眼底。

门楣白底黑字的匾额是中国画院院士，中央美术学院教授，曾任版画系主任，中国美术家协会会员黄永玉先生所题写的"栏杆拍遍"，出自济南爱国词人辛弃疾的词《水龙吟·登建康赏心亭》："把吴钩看了，栏杆拍遍，无人会，登临意。"原词当中表达的是作者报国无门的惆怅，而用在这里，意思是说登临超然楼顶层，俯视全城美景，栏杆拍遍，意犹未尽。

六层的抱柱楹联："青杏园林菊明三径，白苹洲渚木落双溪。"由王褆所撰写。王褆（1880—1960），浙江杭州人，著名金石学家、书法家，西泠印社发起人之一，上海中国画院画师、浙江省文史研究馆馆员。

由中华诗词学会会员、山东诗词学会诗书画研究院副院长、山东诗词学会会员、山东美术家协会会员、山东画院高级画师王鲁敏，所画明湖八景之一的《鸟啼绿荫》挂在中间电梯北侧；由山东省美术家协会理事、济南市美术家协会理事、中国书画家研究会山东分会副主席、山东国铁画院院长、高级画师房玉宾，所画明湖八景之一的《沧浪荷韵》挂南侧。

超然远眺

超然楼六楼是唯一一层可以走出楼外，站在回廊观赏景色的一层，也是观赏景色最佳的一层。出楼远看，映入眼帘的是明湖以东，高楼大厦林立，车水马龙，繁华而有序的城市风光；近看，是绿荫环绕，波光粼粼，游船轻浮的小东湖；下看，人潮涌动、熙熙攘攘、来来往往、络绎不绝，三五成群或坐或走或站，或看或说或笑，奏响一首充满生机和活力的城市交响曲。

右行南望，城市的轮廓在前方若隐若现，高楼大厦与古老的建筑交相辉映，街道、公园、湖水彰显着济南深厚的历史底蕴与现代都市的繁华。远望是连绵起伏的南部山峦。这些山峰苍翠欲滴，绿意盎然，与蓝天白云相映成趣。山峦之间，云雾缭绕，仿佛仙境一般。

东望

南望

　　再右行西望，整个大明湖宛如一幅美丽画卷。湖面宽广辽阔，好似一面巨大的镜子，静静地躺在城市的怀抱中。湖水碧绿如玉，反射着天空的蔚蓝与云彩的洁白。微风吹过，湖面荡起层层涟漪，仿佛是大自然在轻轻拨动着琴弦。四周，绿树成荫，郁郁葱葱。柳树轻拂着湖面，宛如婀娜多姿的舞者。岛上的建筑古朴典雅，与周围的景色融为一体，增添了几分古韵。远处，城市的建筑错落有致，与湖光山色交相辉映，构成了一幅和谐美丽的画面。

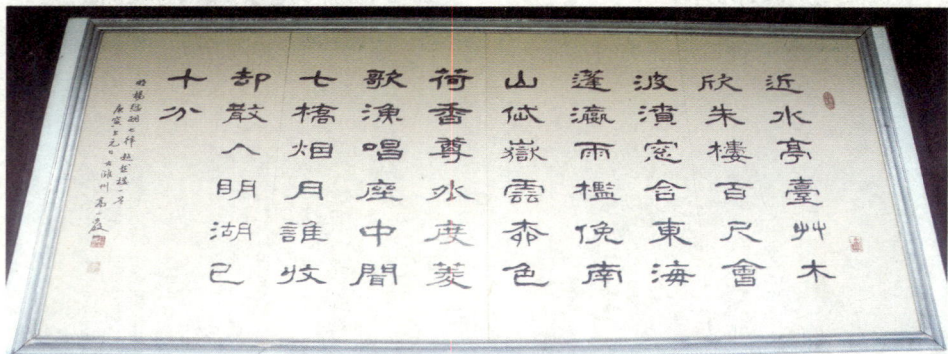

杨衍嗣《超然楼》

另外在西墙还镶嵌有杨衍嗣所作七律《超然楼》，诗曰："近水亭台草木欣，朱楼百尺会波溃。窗含东海蓬瀛雨，槛俯南山岱岳云。柳色荷香尊外度，菱歌渔唱座中闻。七桥烟月谁收却，散入明湖已十分。"

西望

继续右行北望，《鹊华秋色图》里的鹊、华二山以及老济南恬静而悠闲的田园生活，被现在的高楼大厦所淹没。近处的汇波楼、曾堤、南丰祠、北极庙等景观尽收眼底。

北望

11. 贺胜斋与泉城书房

贺胜斋的历史变迁主要与其所在的超然楼及其周边环境的变迁密切相关。其原址是清代济南最早的戏场"贺盛戏场"。

2008 年，济南市重建超然楼时，在超然楼东南侧复建贺胜斋作为超然楼的副楼。虽然关于贺胜斋的具体历史变迁记录不详，但我们可以推测，它也经历了与超然楼相似的命运，即历史上的多次毁坏和重建。现在的贺胜斋作为超然楼的一部分，与超然楼融为了一体。游客可以在此领略中国传统建筑的魅力，感受浓厚的文化氛围。

现在的贺胜斋与济南图书馆、济南出版社合作，成为泉城书房超然楼分馆。这个书房不仅是一个为市民提供图书阅览、借阅等服务的公共文化服务空间，更是一个集历史、文化、艺术于一体的综合性场所。书房的入口处设计有仿古的门楼，让人仿佛置身于历史的长廊之中。进入书房内部，首先映入眼帘的是一个宽敞明亮的阅览区，四周的书架上摆放满了各种类型的图书。此外，

贺胜斋泉城书房

书房的布局设计紧凑合理，不同类型的图书分区摆放，如文学类、历史类、哲学类、艺术类等，方便读者快速找到自己需要的图书。同时，书房还专门设置了少儿阅读区域，为孩子们提供了一个安静温馨的阅读环境。除了提供丰富的图书资源外，泉城书房超然楼分馆还设有一个小型的咖啡厅和休闲区，供读者在享受阅读的同时，也能品尝美味的咖啡，享受舒适的休闲时光。整个书房空间流淌着文学气息和济南的泉城味道，使读者能够在这里感受泉城文化的独特魅力。

贺胜斋泉城书房是一个充满历史韵味和文化底蕴的阅读空间，既能为市民带来美的视觉享受，又能提供优质的阅读服务，是济南市民和游客不可错过的文化景点之一。

12. 博艺堂与济南好人馆

原博艺堂旧址，在"奎虚书藏"东南侧。清宣统二年（1910），山东省图书馆于此处建博艺堂。为当时遐园内博物馆建筑之一，单层木结构房屋。

1922年7月，山东历史博物展览会期间，为地理及农业门类陈列室。1930年为古物美术展览馆，陈列金石书画、瓷器古物及善本书籍。1937年抗战全面爆发，日军入侵济南，博艺堂被毁坏。2014年山东省图书馆于此地址创建尼山书院。

"博艺堂"取自原大明湖遐园内金石铜器展室的堂号。现与超然楼共同构成了一组宋元风格的建筑群，展现了中国传统庙堂建筑的木结构体系和秦砖汉瓦、飞檐挑脊的营造法式。虽然现代的超然楼是仿宋建筑风格，但结构上是钢筋混凝土框剪结构，确保了其雄浑端厚、永固耐久的特性。

2021年3月，集中反映济南市道德建设丰硕成果的济南好人馆在超然楼北副楼博艺堂揭幕。济南好人馆的展览定位为传递正能量的靓丽名片，道德建设的城市窗口，精神文明建设的群众阵地。超然楼周边环境优美，市民及外地游客聚集度比较高，选址在此，意在让更多人在观赏济南自然风景的同时，

博艺堂

也能感受到济南这座文明古城散发出的道德力量，从而在亲眼所见、亲耳聆听中得到心灵熏陶，自觉主动学模范、做好人，弘扬真善美，传播正能量。

13. 总结

　　总之，超然楼是一座集历史、文化、艺术于一体的建筑，无论是欣赏其建筑之美，还是品味其文化内涵，都能让人深感其独特的魅力。并且在不经意间融入了济南元素，木雕济南八景、国画明湖八景、铜刻景观典故、陶艺展览馆、泉水文化体验馆等，让游客在游览过程中对济南有了了解。超然楼如今不仅是大明湖景区的一道亮丽风景线，更成为山东济南的一张重要名片。

超然楼

（三）济南八景与明湖八景

在济南经常会听到济南八景和明湖八景的说法。其实现在又产生了济南新八景和明湖新八景的说法。这证明在济南，在大明湖曾经有八处美丽的风景，现在又有了八处新的美景。济南人或多或少都能说出几个，但能说全、讲明白的恐怕不多。下面我来详细介绍一下济南和大明湖的新老八景。

1. 济南老八景

济南的老八景包括趵突泉涌、锦屏春晓、佛山赏菊、鹊华烟雨、汇波晚照、明湖泛舟、白云雪霁和历下秋风。每一处都展现了济南独特的山水风光和历史文化。

趵突泉涌，是指位于济南市的国家 AAAAA 级旅游景区——趵突泉的泉水喷涌盛况。趵突泉被誉为"天下第一泉"，泉水从地下石灰岩溶洞中涌出，其最大涌量达到 24 万立方米 / 日，出露标高可达 26.49 米。泉水清澈见底，水质清冽甘醇，含菌量极低，符合国家饮用水标准，是理想的天然饮用水。

泉水一年四季恒定在18℃左右，严冬时节，水面上水气袅袅，像一层薄薄的烟雾，与周围的亭台楼阁交相辉映，构成了一幅奇妙的人间仙境。明清时期，"趵突腾空"便位列趵突八景之首，形容的正是趵突泉泉水喷涌的壮观景象。乾隆皇帝南巡时，因品尝了趵突泉水泡茶的甘美，曾封趵突泉为"天下第一泉"。趵突泉公园内还有著名的趵突八景，分别为：趵突腾空、竹园通幽、泺苑齐风、望鹤品茗、灵石呈瑞、枫溪涵秋、沧园探梅、漱玉流韵。每一处都充满了自然与人文的韵味，让人流连忘返。

锦屏春晓，位于济南龙洞山，是一处极具自然与人文韵味的风景名胜。这里山势奇绝，层峦叠嶂，壁立千仞，其中独秀峰上的锦屏岩高达八十余米，形似一幅巨大的屏风。每到暮春时节，岩周松柏苍翠，杨柳垂青，岩壁繁花似锦，芳草萋萋，一片春意盎然的景象，因此得名"锦屏春晓"。如今"锦屏春晓"已成为济南的一大旅游胜景，吸引了无数游客前来观赏。人们可以在这里领略到大自然的神奇魅力，也可以感受到济南深厚的历史文化底蕴。无论是登山远眺，还是近观岩壁上的繁花芳草，都能让人心旷神怡。

佛山赏菊，是一项历史悠久的传统活动，展示了济南千佛山在秋天时的独特魅力。当秋风送爽，千佛山上的菊花便纷纷盛开，金黄一片，与周围的山景相映成趣，形成了一幅幅美丽的秋日画卷。赏菊活动通常在重阳节期间达到高潮，人们会登上千佛山，沿着山间小径，一边品味着菊花的芬芳，一边欣赏着秋日的美景。在千佛山的不同区域，如茱萸园、桃园、梨园、文昌阁、历山院等地，都有精心布置的菊花造型和菊花小景，让游客们充分领略到佛山赏菊的天然野趣。此外，千佛山还建有赏菊阁，供游人登高望远，俯瞰整个赏菊区域的美景。站在赏菊阁上，可以看到漫山遍野的菊花在阳光下熠熠生辉，仿佛一片金色的海洋，令人心旷神怡。

鹊华烟雨，是由鹊山和华山两山及两山间的鹊山湖共同构成的一处迷人自然景观。鹊山和华山位于山东省济南市天桥区，山势俊秀，景色迷人，两山之间为鹊山湖，湖面浩渺，碧波万顷，景色十分优美。当阴云密布时，两山仿佛相连，云雾缭绕，时隐时现，如同两点青烟，给人一种朦胧而神秘的感觉。在这样的天气下，整个景象仿佛一幅绝妙的水乡图画，故被称为"鹊华烟雨"。鹊山虽无主峰，但林木青翠，横列如屏，山上有鹊山院、鹊山亭、扁鹊墓等古迹，更增添了其历史文化的厚重感。而华山则以其险峻著称，与鹊山相互辉映，共同构成了这一独特的景观。在明崇祯十三年的《历城县志》中明确记载了鹊华烟雨的景观。

汇波晚照，是一处集自然风光与人文景观于一体的绝美景点，位于大明湖的东北隅。过去，府城众泉之水多从此处流过，因此得名"汇波"。北水门旁有桥，称为汇波桥，桥下有庙，名为晏公庙，庙下有台，称为晏公台，台下有门，为券门。每当傍晚时分，夕阳的余晖洒在湖面上，金色的阳光穿过券门，折射在汇波桥下，只见湖水波光粼粼，浮光耀金。同时，门侧的柳树将门笼罩，垂入水中，微风徐来，柳丝随风飘荡，水面上波纹荡漾，与夕阳的余晖交织在一起，这一连串的景观构成了一幅和谐而美丽的画面。因此得名"汇波晚照"。由于历史的沧桑变化，券门如今已堵塞，原景已不复存在，但汇波楼依然屹立在湖畔，成为游客们追忆历史、欣赏美景的好去处。

明湖泛舟，描绘的是在大明湖上泛舟游玩的美丽景象。大明湖作为济南的标志性景点之一，其湖光山色、历史文化底蕴以及丰富的自然生态，都为这一景观增添了无尽的魅力。明湖泛舟不仅指的是白天在湖上泛舟游览，更有意境的是秋夜泛舟。在月色溶溶的秋夜，凉风习习，荡舟于波光粼粼的湖面上，清光袭人，仿佛置身于另一番天地。这种体验被前人赞誉为"明湖秋月"或"明湖泛月"，成为济南独有的文化记忆。在湖上泛舟，可以近距离欣赏到大明湖的美景。湖天一色，水清如镜，碧波映照下，朵朵白云飘于船下。船移影动，掩映在葱郁绿雾中的粉白色墙壁、黛青色瓦顶以及弯弯的拱桥、纵横的水道，如画卷般一一铺展，展现出多方神采和万种风情。刘鹗在《老残游记》中生动描述了坐船在大明湖里游玩的情景，让人仿佛能亲身感受到那惬意自在的氛围。同时，历代名士如李清照等也都曾在此泛舟游玩，留下了许多珍贵的文化遗产和传说故事。

白云雪霁，指的是雪后初晴时，珍珠泉畔白云楼所展现的壮丽景色。这一景观源于元初，当时山东行尚书兼兵马都元帅、知济南府事张荣在珍珠泉畔修建了私人宅第，人称"张舍人园子"。后来，他的孙子张宏在此处新建了一座巍峨壮观的白云楼，使得这一区域成为观赏雪景的绝佳地点。每当雪后初晴，阳光洒在银装素裹的大地上，珍珠泉畔的白云楼显得格外醒目。登楼远眺，景物历历在目。阳光透过云层洒在雪地上，折射出耀眼的光芒，让人感受到一种清新脱俗的美。此时，凭栏寻望，只见晴光四野，绮丽景色尽收眼底，令人叹为观止。如今白云楼已不复存在，但白云雪霁成了济南人民心中的一份珍贵记忆。

历下秋风，是指秋天时节，在济南大明湖历下亭一带所展现的优美秋景。历下亭是大明湖上一处重要的文化地标。在秋日里，历下亭的景色格外迷人。人们在此可以观赏到湖光天色，清波拍岸，南山隐约的壮丽景象。同时，秋风瑟瑟，芦荻摇曳，秋柳飘飘，给人一种清凉舒爽的感觉。此时，漫步在历下亭周围，仿佛置身于一幅优美的秋日画卷之中。这一景观也体现了济南人民对自然环境的热爱和保护，是人与自然和谐相处的典范。

在济南的老八景中有三处源起于大明湖，可见大明湖在济南人心中的地位是多么的不可替代。

2. 济南新八景

说完了济南老八景再来讲讲济南新八景。济南之所以有新八景，主要是随着时代的变迁和城市的发展，济南的景观和文化内涵也在不断地演变和丰富。为了更好地展示济南的自然风光、人文历史和文化特色，新的济南八景应运而生。

济南的新八景是在 2012 年 9 月 7 日正式揭晓的。这一评选活动自 2011 年 8 月 16 日启动，由中共济南市委宣传部、市文明办、市委外宣办指导，济南日报报业集团（济南日报社）组织开展，历时 389 天，参与人数达到了 500 万人次。这是一场集中民智、汇集民力、反映民声的全民参与的评选活动。最终评选出的新八景分别是趵突腾空（趵突泉）、明湖汇波（大明湖）、历山览胜（千佛山）、泺水棹歌（护城河）、清河烟岚（包括小清河风景带、鹊山、华山及黄河在内的景观）、百脉寒泉（以百脉泉为首的泉群）、灵岩探幽（灵岩寺）和九如听瀑（九如山）。新八景中，每一处都有其独特的魅力和历史文化内涵。新八景的推出，为市民和游客提供了更多元化、更高品质的旅游体验，进一步推动了济南旅游业的发展。

趵突腾空（趵突泉），指的是趵突泉水"泉源上奋，水涌若轮"，其"声若隐雷"使得它成为济南的一大奇景，这种景象不仅让人感受到济南的独特魅力，也让人对大自然的神奇力量产生敬畏之情。

明湖汇波（大明湖），是整合了大明湖景区内历下亭、铁公祠、北极庙、汇波楼等诸多名胜，所体现出来的历史文化和自然景观。

历山览胜（千佛山），主要描绘的是济南千佛山风景区及其周边地区的秋日美景。在秋季，千佛山的风光尤为迷人。当登上山顶，远眺四周，可以看到大明湖宛如一颗镶嵌在万家烟火中的明珠，静静地躺在济南城里。而远处的黄河则如一条玉带，环绕在无边的天际。这样的景象，让人心旷神怡，激动不已。

泺水棹歌（护城河），主要指的是济南环城公园及护城河一带的迷人风光。形象地描绘了人们在护城河上乘船游览，欣赏美景，歌唱生活的欢乐场景。这一景观以护城河为核心，充分展现了济南泉水的独特魅力。济南的护城河始建于汉代，形成于元代，是国内唯一由泉水汇流而成的护城河，全长 6.9 公里。经过整治通航后，游客可以乘坐画舫，沿护城河环城游览济南，享受"人在画中游"的美妙体验。

清河烟岚（黄河及小清河沿线），主要指的是小清河风景带及其周边地区的美景。这一带景色如画，山水田园与烟雨朦胧的景象交相辉映，形成了一幅独特的风景画卷。近年来，济南市着力打造小清河沿岸风光带，与鹊山、华山、黄河等景观共同组成了济南新八景之一的清河烟岚。如今，这一地区已经成为周边居民休闲、观景的新去处，无论是碧波荡漾的小清河，还是山水相依的鹊山、华山，都让人流连忘返。

百脉寒泉（百脉泉），指的是位于济南市章丘区的百脉泉公园内的百脉泉景观。这一景观以泉水清澈、喷涌如珠而闻名。百脉泉因泉水从许多看不见的脉孔中涌出，似百条大脉而得名。泉水清冽甘醇，常年不涸，被誉为"珍珠泉"。在泉水的映照下，周围的景色也显得格外美丽，杨柳依依，画廊奇阁，宛如一幅生动的画卷。作为济南七十二名泉之一，百脉泉在历史上享有很高的声誉。它曾是金代《名泉碑》所列的济南七十二名泉之一，历代章丘县志都把"百脉寒泉珍珠滚"列为章丘八景之一。同时，百脉泉还是章丘区特产明水香稻、明水白莲藕的灌溉水源，为当地的农业生产提供了重要的水源保障。如今，百脉泉公园已经成为一个集自然景观、人文景观、休闲娱乐为一体的综合性公园。

灵岩探幽（灵岩寺），主要指的是位于长清区万德镇的灵岩寺景区。这一景区以灵岩山为背景，峰峦奇异，群山环抱，景色壮丽。山中泉水潺潺，溪水曲流，飞泉叮咚，为这片区域增添了灵动与生机。灵岩寺作为景区内的核心景点，历史悠久，文化底蕴深厚。寺庙掩映在一片葱绿之中，古朴典雅，宁静祥和。寺庙内外的景观也极为丰富，如摩顶松、千岁檀、朗公石等胜景都别具情趣。此外，还有千佛殿、墓塔林、辟支塔、大雄宝殿等著名胜境。无论是寻求心灵宁静的佛教信徒，还是热爱自然风光的游客，都能在这里找到属于自己的那份宁静与美好。

九如听瀑（九如山），位于济南南部山区的九如山风景区内，是一处令人心醉神迷的自然景观。这里重峦叠嶂，其中海拔超过800米的山峰有36座，群山连绵，气势磅礴。九如山不仅是泉城七十二名泉的发源地之一，还是锦绣川水库的源头，锦绣川、锦阳川、锦云川三川汇集，形成了独特的自然景观。纯净原始的生态孕育了峡谷、奇峰、丛林，更有数不尽的山泉、溪流、瀑布和深潭。其中，瀑布景观尤为壮观，泉水从高处倾泻而下，如银河落九天，声如雷鸣，震撼人心。在九如山风景区，游客可以沿着木栈道漫步，沿途欣赏到形态各异的瀑布。有的瀑布如白练般悬挂于山间，有的则如细丝般轻轻飘落，还有的瀑布宛如银河倾泻，水雾弥漫。在欣赏美景的同时，也能感受到浓厚的生态气息。这里绿树成荫，鸟语花香，让人置身于一个天然的大氧吧中，呼吸着清新的空气，享受着大自然的恩赐。

以上的济南新八景更全面地展现了济南独具特色的景观。无论是老八景还是新八景，都是济南山水风光的精华所在。

3. 明湖老八景

明湖老八景包括佛山倒影、丹坊耀日、柳岸春深、画船烟波、沧浪荷韵、汇波晚照、明湖秋月和历亭秋风，每一处都承载着深厚的历史文化底蕴，展现了大明湖独特的自然风光和人文魅力。

佛山倒影，确实是一大奇观，这个美景主要是指千佛山倒映在济南大明湖中的景象，山水之美融为一体，让人陶醉其中。据说，自元、明以来，佛山倒影就屡见于诗人游大明湖的诗章中。想象一下，在清晨或黄昏时分，当湖面平静如镜时，千佛山的倒影清晰地映在湖面上，整个山脉都沉浸在了湖水之中，比真实的千佛山还要好看。近年来随着环境保护和水质治理的改善，佛山倒影的景象也越发清晰动人。当我们漫步在济南大明湖畔时，或许也能有幸一睹这绝美的景观。

丹坊耀日，这道景观位于大明湖的正门，即人们俗称的"南门"处。当你踏入公园，迎面而来的是一座高大雄浑而又极富民族风格的牌坊，它就是"丹坊"。这座牌坊的建筑风格独特，为"五间七彩重昂单檐式"，由六根红柱支撑，每根柱子前后均有高大的石鼓挟抱，另有十二根朱红柱为斜撑，这种设计使得整个牌坊显得既稳固又庄重。而牌坊上的"大明湖"三个镏金大字，更是出自清代著名书法家于书佃之手，字迹苍劲有力，为整个牌坊增添了不少文化气息。每当旭日东升，阳光洒落在牌坊上，金碧辉煌，与周围的湖光山色交相辉映，显得格外雄伟壮观。这就是"丹坊耀日"的由来。牌坊四周的环境也十分优美。垂柳依依，丝绦万缕，似柔曼轻纱、碧玉珠帘，半遮半露着一片金碧辉煌。站在牌坊下，不仅可以欣赏到明湖的美景，还可以感受到浓厚的历史文化氛围。每天，这里都吸引着大量的游客前来观赏和拍照留念。

柳岸春深，指的是大明湖景区内的柳树数量众多，处处充满生机与诗意。当春风拂面，柳树便悄然抽出新芽，绿柳成荫，垂柳依依，宛如一幅生动的画卷。柳树的柔美与湖水的宁静相互交融，相映成趣，营造出一种宁静而祥和的氛围，漫步在柳岸，可以感受到春天的气息扑面而来，让人心旷神怡。无论是当地居民还是外地游客，都可以在这里找到心灵的慰藉和文化的归属。

画船烟波，描绘了大明湖中画舫穿梭于烟波浩渺之间的美丽景象。在大明湖这片碧波荡漾的水域中，各式各样的游船点缀其间，其中最具韵味的当属古色古香的画舫了。这些画舫造型优雅，装饰精美，仿佛是从古代画卷中驶出的一般。无论是风和日丽的白天，还是烟雨蒙蒙的夜晚，当画船在湖上缓缓行驶时，周围的景色也随之变幻，乘坐在画舫中，荡于一湖烟波之上，都能让人亲身入景，感受到绝妙的意境。无论是想要感受古韵风情，还是想要欣赏湖光山色，这里都是一个不错的选择。

沧浪荷韵，位于大明湖北岸的铁公祠内，它集自然之美与人文之韵于一体。盛夏时节铁公祠内的荷塘便成为一片花的海洋。荷花在碧波荡漾的池水中竞相绽放，花瓣层层叠叠，颜色或淡雅或娇艳，宛如仙子凌波微步。微风拂过，荷香四溢，沁人心脾，让人仿佛置身于一幅生动的荷花画卷之中。此时，无论是漫步于荷塘边，还是坐在亭中静赏，都能深深感受到"沧浪访古贤，荷香绕画梁"的意境。铁公祠内的楹联"四面荷花三面柳，一城山色半城湖"是对大明湖风光恰到好处的赞美，也为"沧浪荷韵"增添了更多的人文气息，是欣赏大明湖风光、品味济南文化的绝佳去处。

汇波晚照这一景观与济南老八景的汇波晚照为同一景观。明湖秋月这一
景观与济南老八景的明湖泛舟为同一景观。历亭秋风这一景观与济南老八景
的历下秋风也为同一景观。在介绍济南老八景的时候已经讲过，不再重述。

4. 明湖新八景

既然有明湖老八景必然就会有明湖新八景。大明湖的新八景是在 2009 年
评选出来的。这次评选活动是为了更好地保护和传承大明湖的文化遗产，同
时也是为了满足广大市民和游客对于更高品质旅游体验的需求。

新八景在老八景的基础上，充分考虑了大明湖的自然风光、人文历史和
文化内涵，既体现了对传统文化的尊重和传承，还打造了更具特色和魅力的
旅游景观。通过将自然景观与人文历史相结合，新八景不仅丰富了大明湖的
景观体系，也提升了其文化品位和旅游价值，为济南市的旅游业和文化事业
注入了新的活力。新八景包括：鸟啼绿荫、七桥风月、秋柳含烟、曾堤萦水、
竹港清风、稼轩悠韵、明昌晨钟、超然致远。

鸟啼绿荫，是一处充满生态野趣的景区，位于大明湖扩建后的新区域，
是鹊华路以东的一段狭长地区。这里绿树葱茏，芳草如茵，湖中荷莲浮面，
芦苇丛生，为各种鸥鸟提供了理想的栖息地。鸟儿们在这里相互嬉戏追逐，
鸣叫声此起彼伏，营造出一种和谐自然的氛围。漫步在这里，你可以欣赏到
荷花与柳树的美丽景致，同时聆听鸥鹭的歌唱，仿佛置身于一幅生动的画卷
之中。这里不仅让人感受到大自然的宁静与美好，还与一些历史景点，如：
北渚桥、鹊华居、水云居等融为一体，共同构成了这一独特的景区。充分展
现了人与自然和谐共生的美好愿景。

七桥风月，是大明湖的一大胜景，它是由七座风格各异的景观桥组合而成。
这七座桥分别是芙蓉桥、百花桥、秋柳桥、水西桥、鹊华桥、湖西桥和北池桥。
每座桥都有其独特的形态和韵味，有的拱身浑圆，有的规矩方正；有的精致
讨巧，有的恢宏大气；有的古朴典雅，有的摩登现代。宋以来的文人学士多

以此为题,赋诗为文"从此七桥风与月,梦魂长到木兰舟""城外青山城里湖,七桥风月一亭孤"。在朝烟暮霭之际,整个明湖烟水空蒙、水汽缭绕,七桥恰似美丽的彩虹出没其间,极尽烟雨缥缈之趣,令人陶醉其中。今日大明湖扩建,由秋柳桥代替泺源桥,其余全部恢复重建,再现七桥风月景观。七桥之外,还有梅溪、芦花、藕香、凝雪、南丰、玉涵、竹韵、幼安等共28座景观桥。各式各样的桥连通整个新建区域,呈现出小桥流水人家的景致。[①]

秋柳含烟,是一处极具诗意的景点,它位于大明湖南岸,与历下亭隔水相望。这里占地广阔,由秋柳人家、天心水面亭、秋柳园等众多景点组成。每一处都充满了浓厚的文化气息。秋柳园是其中的核心景点,据《历城县志》记载,清代著名诗人王士禛曾在大明湖畔秋柳园读书会友赋诗,并在水面亭写下了轰动大江南北的《秋柳四首》。园内柳树依依,柔弱的柳枝随风摇曳,仿佛在诉说着古人的诗情画意。特别是到了秋天,循着诗人的脚步来到大明湖秋柳园一带,看湖畔柳叶泛黄,乍染秋色,与湖面上的烟雾交织在一起,形成了一幅如梦如烟的美景。

曾堤萦水,是一处独具魅力的景点,它位于大明湖东岸,连接着南丰桥与南丰祠,占地面积广阔。曾堤上杨柳垂荫,百花飘香,两侧湖水萦岸,波涛阵阵,构成了一幅美丽的画卷。曾堤的历史可追溯至宋代,由唐宋八大家的曾巩修筑,原名百花堤。为纪念曾巩并传承那段历史,南丰桥与南丰祠之间的一段路被命名为"曾堤"。此景不仅是一处自然美景,更蕴含着丰富的文化内涵。它见证了曾巩对济南的深情,也展示了济南人民对历史的尊重和传承。在这里,游客们可以感受到古代文人墨客的情怀,也可以领略到深厚的历史底蕴。

竹港清风,是一处极具自然韵味和历史文化底蕴的景点。它源于古时大明湖东南岸的一片大竹林,万竿参天,拂云蔽日,景色壮美。明代著名大臣

---

① 梁文生.导游基础知识 山东部分 [M].济南:山东科学技术出版社,2013.

赵世卿在此附近建小淇园，使这里成为当时济南著名的园林和觞咏胜地。园内修竹成林，榆柳夹集，曲径通幽，景趣盎然。在 2007 年的大明湖扩建改造工程中，为挖掘文化内涵，传承历史文脉，济南园林部门恢复了这一历史景观，值得一提的是"一竿亭"，为景区的一大亮点。亭两侧的楹联"杏花含露团香雪，竹影侵云拂暮烟"描绘了这里的美景，如同一幅竹影婆娑、曲径通幽的竹林暮景图。站在亭中，清风徐来，竹影摇曳，仿佛置身于古人的诗意生活之中，让人心旷神怡。

稼轩悠韵，是一处纪念辛弃疾的景点，以稼轩园为主体建筑，小桥流水、镜里楼台，蕴含着丰富的文化底蕴。"稼轩"一词出自《诗经·秦风·大叔于田》，在古代，农民在耕种完毕后会建造一个休息的地方，称为"稼轩"。它不仅代表了农民休息的场所，也象征着他们生活的家。此景点池塘水碧，流水潺潺，花木扶疏，荷香拂面，所见所闻所感皆是爱国词人辛弃疾那"人中之杰""词中之龙"的画面与意境。它不仅是对辛弃疾这位伟大词人的纪念，也是对古代农耕文化的一种传承和弘扬。南邻的"奎虚书藏"与稼轩园友邻为伴，为这片景区增添了更多的文化气息。

明昌晨钟，位于大明湖南门以东，是一处集历史、文化、自然景观于一体的综合性景区。景区内包括钟楼遗基、明湖居、司家院、钟楼广场、"老舍与济南"展馆、枕湖楼、思敏楼等众多景点，每个景点都有其独特的历史文化背景和故事。钟楼遗基建于元代，原名康和尚院，明初改为镇安院，又名钟楼寺，寺内原有金代明昌年间铸造的铁钟一口。每当清晨，钟声悠扬，仿佛穿越时空，让人感受到古代济南的繁华与宁静。铁钟现悬于大明湖北岸晏公台上明昌钟亭内，钟声承载美好心愿，传闻方圆十里，雄浑激越，响彻碧湖，令人激荡振奋。此钟也被称为"齐鲁第一钟"。

超然致远，是大明湖扩建后产生的一个"网红"景区。超然楼兴建于元代，为元代学士李洞的住所，后来，清代大文豪蒲松龄也曾客居济南，将超然楼作为他的寓所之一，并在其作品中留下了对这座楼的赞美。超然楼采用层层错台的形式，既有移步异景的意境，又增添了游览的乐趣。经过扩建改造，超然楼被赋予了新的功能，成为集文化展示、旅游观光、交流接待等多种项目于一体的综合性场所。超然楼之所以备受瞩目，不仅在于其千年历史文化底蕴造就的独特景观气质，更在于它已经成为济南的标志性建筑之一。近年来，"国风文化"日益盛行，超然楼作为济南传统文化的代表，其深厚的文化底蕴和独特的建筑风格吸引了越来越多的游客前来参观。

大明湖新八景的设立是城市发展和文化传承的必然结果，也是为了满足人民群众对美好生活的追求和向往。这些新景观不仅让大明湖焕发出新的生机与活力，也为济南市的文化旅游事业注入了新的动力。

无论是老八景还是新八景，都是大明湖美丽风光的见证，也是济南历史文化的缩影。它们共同构成了大明湖独特的景观体系，吸引着无数游客前来观赏和品味。

（四）超然楼的研学价值

超然楼作为济南的一大名胜和"网红"地，吸引了诸多学生前来研学。因为它具有极高的研学价值。

超然楼的建筑风格具有研学价值。首先，超然楼作为一座历史悠久的建筑，其设计、建造和装饰都深深根植于中国传统文化之中。通过对超然楼的研学，我们可以了解中国古代建筑艺术的特点。其次，超然楼的建筑风格也体现了中国古代建筑对自然环境的尊重与融合。其布局、选材和装饰都充分考虑了与周围环境的和谐统一，这种"天人合一"的哲学思想是中国古代建筑文化的重要组成部分。最后，超然楼建筑风格的研学价值还体现在其对于现代建筑设计和城市规划的启示作用上。我们可以学习到如何在现代建筑设计和城市规划中融入传统文化元素，实现传统文化与现代文明的和谐共生。

超然楼的自然景色具有研学价值。首先是地理环境与自然风光的认知，超然楼位于济南大明湖畔，湖光山色交织，形成了独特的自然景观。游客和学生在参观时，可以直观地了解济南地区的地理环境特点，以及自然风光的美丽和多样性。其次是生态环保意识的提升，通过观察和了解超然楼周边的自然环境，人们可以更加深入地认识到保护生态环境的重要性。超然楼与大明湖的自然环境和谐共存，成为生态保护的典范，有助于提升人们的环保意识。再次是自然景观与人文历史的融合，超然楼不仅是一座建筑，更是一个融合了自然景观和人文历史的场所。在研学过程中，人们可以了解到超然楼的历史变迁和文化内涵，同时欣赏到周围的自然风光，感受到自然与人文的和谐统一。最后是实践与体验的结合，研学不仅仅是理论知识的学习，更是实践与体验的结合。在超然楼的自然景色研学中，人们可以亲身感受到大自然的魅力，通过实地观察、体验和探索，加深对自然知识的理解和认识。

超然楼在名士文化方面具有研学价值。首先是历史名人与超然楼的交集，超然楼历史悠久，自元代以来，许多历史名人如张养浩、虞集、汪广洋、蒲松龄等都曾与此楼有着密切的交集。他们在此聚会、雅集，结诗社、著名篇，留下了丰富的文化遗产。通过对这些历史名人与超然楼关系的研究，我们可以更深入地了解他们的生平事迹、创作背景以及对中国文化的贡献。其次是名士文化的传承，超然楼建成后成为济南独特的"名士文化"代表。这种文化体现了古代文人墨客的精神追求和审美趣味。通过对超然楼名士文化的研究，我们可以更好地理解中国古代文人墨客的思想境界和审美追求，以及这种文化在中国历史和文化中的地位和影响。最后是弘扬优秀传统文化，超然楼名人方面的研学是弘扬中华优秀传统文化的重要途径。通过对历史名人的研究和名士文化的传承，我们可以更好地了解和认识中华文化的博大精深和独特魅力，增强文化自信和文化自觉。同时，这种研学也有助于推动中华文化的国际传播和交流，促进不同文化之间的互鉴和融合。

超然楼在现代学科方面具有研学价值。首先是历史与艺术的融合。超然楼不仅是一座历史建筑，也是艺术的瑰宝。其建筑风格、雕刻艺术、装饰元素等都蕴含了丰富的历史信息和艺术价值。通过对超然楼的研究，学生可以将历史和艺术两个学科的知识相结合，更深入地理解历史变迁对建筑风格和艺术表现的影响。其次是建筑与地理的交织，超然楼的地理位置和建筑风格都与其所在的地理环境密切相关。例如，超然楼位于大明湖畔，其建筑布局和风格都体现了对自然环境的尊重和利用。学生可以通过对超然楼的研究，了解建筑与环境之间的关系，探讨地理因素如何影响建筑风格和设计理念。再次是文学与旅游的关联，超然楼作为济南的标志性建筑之一，吸引了众多文人墨客的赞美和描绘。通过对超然楼的研究，学生可以将文学和旅游两个学科的知识相结合，了解文学作品如何描绘和塑造一个地方的形象，以及旅游如何促进文学作品的传播和接受。最后是社会学与传播学的交融，超然楼作为一个文化符号，承载了丰富的文化内涵和社会意义。通过对超然楼的研究，学生可以探讨其在社会中的地位和作用，了解它如何反映和塑造一个城市或地区的文化形象，以及它如何成为城市文化和旅游发展的重要资源。

（五）超然楼诗词赏析

现在的超然楼虽然是新建的，但毕竟始建于元代，所以也留下了不少诗词，供后人赏析。这些诗词名句描绘出了超然楼及其周围环境的美丽，表达了诗人对超然楼及其所代表的超然脱俗境界的赞美和向往。

明代杨衍嗣的《超然楼》："近水亭台草木欣，朱楼百尺会波濆。窗含东海蓬瀛雨，槛俯南山岱岳云。柳色荷香尊外度，菱歌渔唱座中闻。七桥烟雨谁收却，散入明湖已十分。"这首《超然楼》通过细腻的描绘和生动的比喻，展现了超然楼的壮丽景色和周围环境的秀美。"近水亭台草木欣，朱楼百尺会波濆"点明了超然楼的地理位置和它的壮观。超然楼靠近水源，亭台四周草木茂盛，生机勃勃。红色的高楼矗立在水边，高达百尺，仿佛被波涛的湿气所浸染。"窗含东海蓬瀛雨，槛俯南山岱岳云"进一步描绘了超然楼的景色。从窗户望去，貌似可以看到东海之上的蓬莱和瀛洲，仿佛连绵的雨水都从那里飘来。而从栏杆往下看，南部的岱岳（泰山）云雾缭绕，景色壮美。"柳色荷香尊外度，菱歌渔唱座中闻"描绘了超然楼周围的环境和氛围。柳树和荷花环绕在超然楼外，香气四溢。而远处的菱歌和渔唱声则清晰地传入耳中，增添了超然楼的宁静与闲适。"七桥烟雨谁收却，散入明湖已十分"，诗人以问句的形式表达了对美景的赞叹。七桥烟雨的美景谁能够收尽呢？它们已经融入了明湖之中，使得明湖的景色更加迷人。整首诗通过对超然楼及其周围环境的描绘，展现了诗人对自然美的热爱和追求。同时，也表达了诗人对超然脱俗境界的向往和追求。这首诗的语言优美，意境深远，是一首值得品味的佳作。

《七律·再咏济南大明湖超然楼》："超然楼上悟超然，沐浴斜阳叹释然。万里东风从海起，夕阳咫尺为谁怜。"这两句诗富有深刻的意境和情感。这句诗中的"超然楼"不仅仅是一座楼，更象征着一种超脱世俗、超然物外的境界。诗人在超然楼上，可能是在欣赏周围的景色，也可能是在沉思，最终在这种宁静而高远的环境中，领悟到了"超然"的真谛。这种"超然"可能指的是对世俗纷扰的超脱，对名利欲望的淡泊，或者是对人生、宇宙、自然的深刻理解。这里的"斜阳"可能指的是夕阳，象征着一天的结束，也寓意着人生某个阶段的结束。诗人沐浴在斜阳的余晖中，仿佛被温暖的阳光和柔和的光线所洗礼，内心的纷扰在这一刻得到了释放和宽慰。他感叹自己已经释然，不再被过去的烦恼所困扰，也不再为未来的不确定而担忧。这种释然，是一种内心的平静和安宁，也是一种对生活的热爱和珍惜。整首诗通过对超然楼的描绘，表达了诗人对超然境界的向往和追求，以及他在这种境界中得到的感悟。这首诗的语言简练而富有意境，让人在阅读中感受到诗人内心的平静和超脱。

清代任弘远的《超然楼》："超然楼记在明湖，学士风流近有无。还是窗前红菡萏，依然槛外绿菰蒲。空闻鱼鸟归诗卷，不见龙蛇舞醉图。此日重寻成瓦砾，岧峣北望一峰孤。"整首诗通过对超然楼历史变迁和自然景观的描绘，以及作者对超然楼所代表的历史文化的感慨和怀念，展现了超然楼的独特魅力和历史文化价值。同时，也表达了作者对过去的怀念和对现实的感慨。

八、诗意秋柳

在明湖南岸有一组小桥流水，柳树摇曳，古朴典雅的庭院，此地便是新明湖八景之一秋柳含烟的所在地秋柳园。主要景点包括秋柳人家、秋柳园和天心水面亭。这些建筑不仅名字富有诗意，而且它们各自体现了不同的历史文化。

（一）秋柳园的得名与范围

秋柳园是一处充满诗意的地方。秋柳园因清代诗坛领袖王士祯在这一带创建秋柳诗社而得名。整个园区在大明湖水域的东南，是由东北的北池桥，东南的芙蓉桥和梅溪桥，中部的秋柳桥，西南的正谊桥连接而成的岛屿。占地约 17500 平方米，是一组纪念性仿古园林建筑群。

秋柳人家，是游客们了解中国传统庭院文化、传统中医文化和传统家庭式教育的重要场所。秋柳诗社，则让人联想到当年文人雅士们在此集会、赋诗、挥毫泼墨的盛况。而天心水面亭，则是观景的绝佳之地，可以远眺大明湖的美景。

除了主体建筑，秋柳园的自然景观也是其魅力所在。园区内小桥流水，山石叠落，绿树成荫，花草繁茂。这些自然景观与建筑相互映衬，营造出一种古朴、典雅、幽静的氛围。

（二）秋柳人家

秋柳人家旧时被称为"王家大院"，是大明湖新景区中保留的老宅。曾是一座行医的老济南人家的住宅，是一座典型的北方四合院，青砖石瓦的三进院落，充满了古朴典雅的气息。

走进秋柳人家，你可以看到药铺、书房、客厅、女儿房、儿子房、父母房等多种功能性的房间。这些房间都保留着传统的陈设，仿佛让人穿越回了那个古香古色的时代。特别是院内的私塾房"时习轩"，墙上还挂着孔子像，给人一种学术氛围浓厚的感觉。在秋柳人家的院内，你还可以看到古树、老井和老水桶等古老的物件，这些都是旧时生活的见证。秋柳人家不仅是一个景点，更是一个充满故事的地方。

秋柳人家的主人祖上姓王，是一位医术高明的中医。他医术高超，创立了独特的药方和疗法，治愈了无数患者的病痛。每当有患者前来求医时，王家都会倾尽全力，用心诊治，让每一位患者都能感受到中医的神奇和温暖。这些药方和疗法在家族中代代相传，成为王家行医的宝贵财富，深受当地百姓的尊敬和信赖。秋柳人家的大门旁，有着抱古石、上马石和拴马扣，这些物件仿佛在诉说着曾经的辉煌和荣耀。

秋柳人家坐北朝南，正冲大门的坐山影壁，壁心雕刻着一幅精美的"吉庆有余"砖雕，寓意着家族的繁荣和昌盛。左转是第一进院，左手边是药铺，门口挂有"良医济世"展板，展板用中英文对药铺进行了介绍。展板上写着："迎门挂'汤头歌'，右置医家诊桌。七尺柜台，百种草药，配有丸、散、膏、丹。这是一处传统的药铺，不求赚钱，只为救人。"

右手边有一木门，进门便是第二进院，院内两棵石榴树特别显眼，树干粗壮有力，树冠枝繁叶茂，宛如两把绿色巨伞。它们旺盛的生命力，为这座古老的庭院增添了一抹亮丽的色彩。另外在中国传统文化中石榴树寓意深远，首先它象征着繁荣富贵。由于石榴果实多籽，也寓意着多子多福、家族兴旺，因此人们将它视为一种吉祥树，人们相信种植石榴树可以带来好运和财富，所以在中国许多古典庭院内都种有石榴树。例如曾是"大明德王驾前带刀指挥"的府邸，现为济南市历下区王府池子街九号张家大院，院内就有一棵三百年左右树龄的石榴树。

一进院

二进院

　　院内东厢房为"作坊"，门口挂有"行医济世"展板，展板用中英文对作坊进行了介绍。上写："这里是老中医家的中药作坊。室内陈设的蒸馏器、筛子、灶台、晾架、大石臼、木盆、铡刀、铁碾船、大木案等，都是传统的中医制药器具。展示传统的中药制作的工艺过程。"

西厢房是"私塾"，门口挂有"诗书继世"展板，展板用中英文对私塾进行了介绍。上写："这间屋是居家私塾，名'时习轩'。老先生在此教授孩子们读书习字。先师孔子画像、堂匾、楹联，书橱内的各种书籍，显示了尊师重教的传统。"

院内正房是客厅，是通往后院的过堂，兼作客厅。客厅中堂是一幅出淤泥而不染的荷花图，两侧有"为善最乐，读书甚佳"的对联。东西墙上各挂有木质窗式传统中国人物元素四扇屏，每一扇自成一景，四扇又联为一体，既美观又高雅，具有很高的观赏价值。东耳房供奉的是行业祖师医圣华佗。中堂后的屏风背面刻有一副"庭前芳草皆生意，树上流莺作比邻"对联。

对联正对第三进院落。院内两棵根系盘在一起的参天大树，仿佛为小院撑起了大伞，雨天可以遮雨，晴天可以遮阳，既实用又添加了情趣。石桌、石凳、石盆和古井合理地分布在这个小院内，为小院增加了许多烟火气。

三进院

东厢房是"儿子房",门口挂有"登科及第"展板,展板用中英文对儿子房进行了介绍。上写:"此处为儿子儿媳居住之房。房间的回纹隔断、迎门的四扇屏诗画、博古架、瓷器、文房四宝等摆设,透出一种文人气质。"

西厢房是"女儿房",门口挂有"闺门深秀"展板,展板用中英文对女儿房进行了介绍。上写:"后院西厢房为女儿的房间。从素雅的房间装饰、古琴书桌、团花月洞式门罩架子床、梳妆台等布置可以感受到父母对女儿的疼爱和期许。"

正房为"父母房",房前挂有"福寿延年"的牌子。父母居正北堂屋,和谐而温馨。老式的家庭摆设,房中的老照片及庭院中的老井、老木桶、老石锁,无不透出老式家庭的气息。屋内正中墙上挂"松鹤长寿"图,两侧有"兴家必勤俭,高寿宜子孙"对联。这副对联提醒我们要注重家庭建设,传承勤俭持家的优良传统,同时也要注重健康,为子孙后代留下福祉,传达了中华民族的传统美德和价值观。中堂前面设有一张长条案,上摆放着钟表和瓷瓶。瓷瓶寓意着家庭平安、和谐美满,同时,瓷瓶作为一种传统的工艺品,也体现了中式家庭的文雅和品位。钟表的摆放则代表着时间观念和珍惜时间的态度。将瓷瓶和钟表搭配摆放,不仅体现了中式家庭的传统美学观念,也寓意着家庭平安、和谐美满、珍惜时间、努力奋斗等美好愿望。条案前方,摆放一张八仙桌,两侧各配一把太师椅。这些家具的摆放都讲究周正、庄严、对称和和谐,体现了中国古代社会的"序"和"礼"。西耳房是主人的卧室。

(三)明湖书院与秋柳草堂

秋柳人家东面是明湖书院,现为茶座。这是一个传统气息很浓的茶座,所用家具都是传统形制的红木家具,供奉一尊茶祖师爷陆羽塑像,有六个风格不同的包间。这是一处享受惬意生活的地方。西面是秋柳草堂,这里平时不对外开放,只有特殊的日子或组织活动时才会开放。这里没有相关的介绍,只有郑板桥的"删繁就简三秋树,领异标新二月花"。这副对联静静地注视着眼中充满好奇的游人。

（四）秋柳园

秋柳园位于大明湖东南岸，为纪念清代神韵派诗人王士祯而恢复重建。

吹糖人的铜像

1. 王士祯介绍

王士祯（1634—1711），字子真、贻上，号阮亭又号渔洋山人，清代山东新城（今淄博桓台）人。王士祯，出生于一个世代官宦家庭，自幼聪慧，五岁便入家塾读书，六七岁时已开始读《诗经》。清顺治七年（1650），应童子试，连得县、府、道第一，与大哥王士禄、二哥王士禧、三哥王士祜皆有诗名。清顺治十五年（1658）成为戊戌科进士，文名渐著。顺治十四年初秋，王士祯会诗友于大明湖秋柳园附近之水面亭，怅然有感，遂赋诗《秋柳四首》，大江南北"一时和者甚众"，秋柳园因此而闻名。

王士祯的诗清新蕴藉、刻画工整，他酒酣必诵，登高必赋，强调诗文创作的兴到神会和含蓄，以清、淡、闲、远的韵致作为诗歌的最高境界，主张诗歌"天然不可凑泊"，"洒脱自然，别有情致"而不落俗套。[①] 王士祯是著名的神韵诗派的代表人物。他与同时的朱彝尊齐名，并称为"北王南朱"。康熙曾征集其诗编为《御览集》吟玩。

2. 秋柳园风貌

2008 年于原址之上恢复重建的秋柳园，占地 17500 平方米，包括天心水面亭、秋柳诗社、谭艺轩、信古斋、镜亭、瑶榭、秋柳人家等景点，是一组纪念性仿古园林建筑。漫步其间，小桥流水，杨柳依依，山石叠落，亭台点缀，极富情趣。

秋柳园大门外有王士祯年轻时，手握书卷的铜像，铜像下有打开书样式的石碑，上面有王士祯的简介。

秋柳园大门

---

① 王丽梅，朱金坤.洪升 [M].杭州：西泠印社出版社，2010.

秋柳园大门，为一殿一卷式垂花门，门上悬何绍基书"秋柳园"大字匾额，门联"尚书天北斗，司寇鲁东家"是当年钱名世（进士，官至翰林侍讲学士）送给王士禛的拜年礼物。"尚书"指王士禛（曾任刑部尚书），"司寇"指孔子（曾任鲁国大司寇），对联将王士禛比拟为北斗星与孔子。2008年6月季羡林书写了此联，次年此园建成后挂于大门前。[①]

进院两侧是碑廊，园内柳丝依依，小溪潺潺，虹桥卧波，荷香四溢。碑廊里镶嵌王士禛诗十二首和山东大学著名教授袁世硕撰写的《秋柳园记》。

3. 秋柳诗社

进园正对面是一座坐北朝南的二层仿古楼阁，这便是园内的主体建筑，名为"清远堂"。清远堂是一座二层的民居式两坡顶楼。在一楼门上，悬挂着"清远堂"的匾额，这是由陈左黄书写的。楹柱上的对联"天下文章莫大乎是，一时贤士皆从其来"是由王士禛的弟子殷誉庆撰写，当代书法家魏启后书写的。原联的结尾一字是"游"但书者将其改为"来"，寓意深远。清远堂的二楼匾额为"秋柳诗社"，由欧阳中石书写，楹联为"切磋推敲历山下，交流唱和秋柳园"。这个匾额与秋柳园的名称相呼应，体现了秋柳园与王士禛及秋柳诗社的紧密联系。

在二十三岁时，王士禛游历济南，邀请在济南的文坛名士，集会于济南天下第一泉风景区大明湖水面亭上。当时，他见环湖柳树叶已微黄，若有摇落之态，又加上在席间邂逅了流落济南的秦淮八艳郑妥娘姊妹，触景生情，即席赋诗《秋柳》四首。这四首诗风格独特，境界高远，令人称绝，一时震惊当时文坛。此诗传开后，大江南北一时和作者甚多，王士禛因此闻名天下。后来，历下文人在这里成立了"秋柳诗社"，并建馆舍多间，取名"秋柳园"，并在此观柳赏荷，即兴赋诗，挥笔联句，步韵唱和。清代朱照云的"数椽馆舍明湖侧，后辈人传秋柳章"，董芸的"霜后残荷雨后萍，几株烟柳尚青青"，

---

① 朋星. 大明湖的桥与亭 [M]. 济南：山东画报出版社，2016.

清远堂

秋柳诗社

咏的就是秋柳园。

屋内正堂立有王士禛浅浮雕画像，画像中的王士禛身着长袍，左手持书，长髯飘洒，相貌端庄，取自清康熙年间宫廷画师禹之鼎绘制的画像。画像两侧为王士禛草书联："名须后世称方好，书到今生读已迟。"屏风上悬一匾，为隶书大家刘炳森所书"神韵天然"四字。屏风前为老式供桌、八仙桌、太师椅。四周摆放有博古架、玻璃展柜，陈列王士禛生平介绍、文学成就介绍、砚台、印章、皇帝赠御扇以及仿古家具、青花瓷等。清远堂的楼前有一两层石板砌成的平铺无栏的桥，因此桥连接大门与清远堂，故名"清远桥"，清远桥将院内一潭池水分为了东西两半。

4. 谭艺轩

院内西侧是谭艺轩，抱柱楹联为"烟峦浓淡山千叠，荷芰扶疏水半城"（陈梗桥书），摘自王士禛《忆明湖》诗的颔联。轩内迎门墙上挂有王士禛抚琴图，图两侧配有"风月一庭为良友，诗书半榻是严师"（高小岩书）对联。

谭艺轩

5. 镜亭

　　院内东侧方形半封闭的亭子为"镜亭"，匾额是何绍基所题写。镜亭两柱楹联摘自王士祯《息斋夜宿即事怀故园》诗的颔联"萤火出深碧，池荷闻暗香"（张百行书）。整个院子古朴典雅、细致入微，集楼、轩、亭、桥、堂、榭为一体，尽显建筑与园林的中国传统韵味。漫步园中，可以感受到杨柳依依、山石叠落、小桥流水的优美景致。它不仅是纪念王士祯这位伟大诗人的场所，更是一个展示中华优秀传统文化的平台。

镜亭

6. 秋柳含烟

秋柳园大门往东过柳烟桥，是秋柳园景区的中间位置，这里有山、亭、水、榭。步入这片精心雕琢的园林，有一种古朴典雅，清新舒畅的感觉。坐落在假山之上，在树木遮掩之中，有一个不易被人察觉的亭子，此亭名曰"空翠亭"，亭名取自王维的诗"山路元无雨，空翠湿人衣"。空翠亭石柱绿瓦，檐角飞翘，攒尖宝顶，掩映在苍松翠柏之中，显得格外幽静，是个冥想、静谧休闲的好地方。瑶榭位于空翠亭以西的水岸边，与镜亭对视。"瑶"是美玉，比喻美好、珍贵、光明洁白，"瑶榭"，古语是指建在高台上用玉石装饰的敞屋，现泛指华美的建筑。位于瑶榭西北近处，隔窄水过小桥，有一个差不多的亭榭，名曰"琼榭"，为"瑶榭"姊妹榭。"琼"亦美玉，喻美好。《诗经》有"投我以木桃，报之以琼瑶"（台湾小说家琼瑶的笔名即源于此）的诗句。瑶榭与秋柳园长廊相接。此景千余杨柳，披拂水际，若有摇落之态，如烟如梦。

瑶榭

（五）天心水面亭

天心水面亭建在秋柳诗社北，此亭依水而建，不仅造型精美、结构简洁大气，而且有很深的历史渊源。

它与历下亭遥相呼应，有曲桥直达亭上。小亭六角攒尖，内有朱漆大柱六根，立于近岸明湖水面，于此可观全湖盛景。其基座设计，使人有亭子浮在水面的感觉。上有匾额书"天心水面亭"，迎面立柱上有对联"月到天心处，风来水面时"，亭内还有一匾书"湖山佳境"。朝向湖的一面有于大昌书匾"天心水面亭"和范润华书楹联"柳映天心月，莲摇水面风"。

天心水面亭的修建

天心水面亭由元代的大学士李泂所建，其名字取自北宋理学家邵雍的诗句"月到天心处，风来水面时"，表现了"静中体道"的理学追求。李泂在超然楼北辟为亭园，水岸建有举办宴集活动的天心水面亭。然而，元末时，

天心水面亭

天心水面亭被毁。幸运的是，明代初年，超然楼及天心水面亭又得以修复。明代靖难之役期间，铁铉曾在此犒劳守城将士。据《明史》记载，崇祯十二年初，清军攻克济南城，城内建筑多被焚毁，但天心水面亭因位于水中而免遭焚毁。至此，超然楼在原址共存在三百一十余年。清代初年，济南的士绅在天心水面亭以南的水岸上，即原超然楼旧址附近另建一亭，亦名"水面亭"，亭后有楼，仍称"超然楼"，但其规模远逊于元、明时期的超然楼。复建的超然楼逐渐成为客舍，供来济的学生、举子们居住。但至迟在清嘉庆年间，重建的超然楼以及天心水面亭再次一并破败。

天心水面亭不仅是一座建筑，更是济南历史文化的重要载体，见证了济南的兴衰变迁。同时，它也成了文人墨客的追忆之所，如清乾隆、嘉庆年间的诗人廖炳奎在《水面亭怀元学士李溉之》中写道"故亭渺何处，怀古发高歌"。

与天心水面亭有关的诗词，最著名的要数宋代邵雍的《清夜吟》，其中

"月到天心处，风来水面时。一般清意味，料得少人知"这四句诗，正是天心水面亭得名的由来。这首诗描绘了夜晚时分的宁静与美好，月亮高悬于天心，微风拂过水面，营造出一种清新、宁静的氛围。这种清凉明净的意味，只有心灵微细的人才能体会。"湖光山色映清秋，柳岸含烟景色幽。微风轻拂柳丝舞，烟雨蒙蒙笼轻舟。远山如黛云缥缈，近水含情碧波流。秋柳含烟景如画，游人如织乐悠悠。"这首诗描绘出大明湖秋柳含烟的优美景色。特别是秋柳在烟雾缭绕中摇曳生姿的景象。湖光山色映衬着清朗的秋天，柳岸在烟雾中显得格外幽静。微风轻拂，柳丝随之舞动，烟雨蒙蒙中，轻舟若隐若现。远山如黛，云雾缥缈，近水含情，碧波荡漾。整个画面如同一幅美丽的画卷，让人陶醉其中。

（六）秋柳园的研学价值

秋柳园作为一组建设形成的集文化与景色一体的景点，承载着丰富的历史文化，具有很高的研学价值。秋柳园是研究中国古代文学的重要场所。

秋柳诗社是明清时期文人雅士聚集的地方，他们在这里吟诗作画，交流思想，留下了大量的诗词作品。通过对这些诗词的研究，学生们可以深入了解中国古代文人的生活方式、审美观念以及他们所处的时代背景，这对于提升学生们的文学素养和历史文化素养具有重要意义。秋柳诗社的建筑风格和布局也体现了中国传统文化的独特魅力。学生们可以通过实地参观，感受中国传统文化的韵味。此外，秋柳诗社还具有重要的教育功能。在研学过程中，学生们可以通过参与诗词创作、朗诵、书法等活动，提高自己的文学素养和表达能力。

秋柳人家作为济南的一处历史文化名胜，其研学价值十分丰富。秋柳人家是一座典型的北方四合院，其建筑风格和布局体现了中国传统民居的特点，为学生们提供了实地观察和了解中国传统建筑的机会。通过研学，学生可以更深入地了解中国传统建筑的构造、材料、装饰等方面的知识，增强对中国传统文化的认知和理解。秋柳人家曾是一户行医世家的老宅子，这里保存了许多与医学相关的历史遗迹和文物。通过研学，学生可以了解古代医学的发展历程、医疗技术、医德医风等方面的知识，增强对医学文化的兴趣和理解。它的研学价值还体现在其教育功能上。通过研学，学生可以了解济南的历史和文化，了解中国古代社会的生活方式、思想观念和家庭教育，增强对中国优秀传统文化的认同感和自豪感。秋柳人家可以为学生提供一个欣赏自然风光和了解中国传统文化、医学文化等人文历史知识的平台。

天心水面亭的研学价值体现在其深厚的历史文化底蕴、独特的建筑风格以及自然风光上。通过对天心水面亭的历史背景进行研学，学生可以深入了解中国古代文人的审美观念、生活情趣以及他们对自然的思考，从而加深对中国传统文化的理解。天心水面亭的建筑风格独特，依水而建，造型精美，结构简洁大气。这种建筑风格不仅体现了中国古代建筑的独特魅力，也展示了古人对自然环境的尊重与和谐共生的理念。通过实地参观和研学，学生可以更直观地感受到中国古代建筑的精髓，加深对中国传统建筑文化的认识。天心水面亭独有的自然风光与人文历史交相辉映，是研学的一大特点。它与大明湖的水面紧密相连，形成了一幅自然与建筑和谐共生的画面。天心水面亭所处的位置可以俯瞰大明湖的全景。站在亭中，欣赏大明湖波光粼粼的湖面，感受水面的宁静与宽广，湖光山色交相辉映，美不胜收。亭周绿树成荫，荷花盛开，为游客提供了清凉的避暑之地。在炎热的夏季，游客可以在亭中休息，感受绿树带来的清凉和荷花散发出的淡淡清香。这种独特的视角构成了一幅美丽的山水画卷，可以让学生更加全面地了解大明湖的风光。

（七）秋柳园诗词赏析

1. 王士禛《秋柳》四首

其一："秋来何处最销魂？残照西风白下门。他日差池春燕影，只今憔悴晚烟痕。愁生陌上黄骢曲，梦远江南乌夜村。莫听临风三弄笛，玉关哀怨总难论。"这首诗描绘了秋日大明湖畔的景象，柳树在残照和西风中显得尤为憔悴，诗人借此表达了对时光流逝和人生无常的感慨。"秋来何处最销魂"以问句的形式开头，引人入胜，接着通过"残照西风白下门"等词句，生动地描绘了秋天的萧瑟景象。"他日差池春燕影，只今憔悴晚烟痕"表达了诗人对往昔美好时光的怀念和对现实凄凉的感慨。"愁生陌上黄骢曲，梦远江南乌夜村"通过引用典故和描绘梦境，进一步加深了诗人的愁思。"莫听临风三弄笛，玉关哀怨总难论"，诗人以笛声为媒介，将个人的哀怨之情与玉门关外的征战之苦相联系，表达了诗人对家国天下的关怀和忧思。整首诗意境深远，情感真挚，具有很高的艺术价值。

其二："娟娟凉露欲为霜，万缕千条拂玉塘。浦里青荷中妇镜，江干黄竹女儿箱。空怜板渚隋堤水，不见琅琊大道王。若过洛阳风景地，含情重问永丰坊。"全诗以秋柳为中心，通过描绘其周围环境和历史典故，营造出一种既凄美又怀古的氛围。"娟娟凉露欲为霜，万缕千条拂玉塘"描述的是清晨凉露凝结，似乎即将变为秋霜，万缕千条的柳枝，轻轻拂过清澈如玉的池塘的景色。"浦里青荷中妇镜，江干黄竹女儿箱"比喻水边的荷塘里，青翠的荷叶像妇人的妆镜，江岸的黄竹丛中，似乎藏着少女的箱笼。这里使用了两个典故，"中妇镜"和"女儿箱"，都暗指女性的美丽和青春，与秋柳的衰败形成对比。"空怜板渚隋堤水，不见琅琊大道王"解析为"我"空自怜爱这仍像当年隋堤旁一样的流水，但再也看不到像琅琊王那样的风流人物了。这里提到的"隋堤"和"琅琊王"都是历史上的典故，分别代指隋炀帝和西晋时期的琅琊王司马伷。诗人借此表达了对往昔风流人物的怀念和惋惜。"若过洛阳风景地，含情重问永丰坊"表达的是如果经过洛阳那样的风景胜地，"我"会含情脉脉地重新踏访永丰坊的柳树。"永丰坊的柳树"是唐代白居易诗中的著名意象，这里诗人借以表达自己对秋柳的深情，同时也寄托了对往昔美好时光的怀念。这首诗以秋柳为寄托，抒发了诗人对时光流逝、人事变迁的感慨和怀念之情。

其三："东风作絮糁春衣，太息萧条景物非。扶荔宫中花事尽，灵和殿里昔人稀。相逢南雁皆愁侣，好语西乌莫夜飞。往日风流问枚叔，梁园回首素心违。"全诗通过对秋景的描绘，寄寓了诗人对时光流逝、物是人非的感慨。首联"东风作絮糁春衣，太息萧条景物非"写春天的东风像棉絮一样吹落在春衣上，诗人叹息眼前萧条的景物已非昔日所见。这里的"春衣"与"萧条景物"形成了鲜明的对比，凸显出诗人内心的凄凉和无奈。颔联"扶荔宫中花事尽，灵和殿里昔人稀"借用"扶荔宫"和"灵和殿"的典故，暗示了昔日繁华已逝，宫殿里的人们也早已稀少。这里通过描绘宫廷的衰败，表达了诗人对过往辉煌的怀念和对现实苍凉的感慨。颈联"相逢南雁皆愁侣，好语西乌莫夜飞"以"南雁"和"西乌"为喻，写出了诗人在秋天遇到的都是忧愁的伴侣，连乌鸦也不忍在夜晚飞鸣。这里的"愁侣"和"夜飞"的乌鸦，都渲染了一种凄凉、孤寂的氛围。尾联"往日风流问枚叔，梁园回首素心违"中的"枚叔"指汉代辞赋家枚乘，他曾作《七发》等赋，辞采华茂，为当时所重。"梁园"则指西汉梁孝王刘武所建的兔园，园内有奇花异木，珍禽异兽，规模宏丽，为当时一大名胜。诗人在此自比枚乘，感慨自己虽然也曾有过风流倜傥的日子，但如今回首往事，却发现自己已经违背了当初的本心。这里表达了诗人对过往岁月的追忆和对现实境遇的无奈。全诗以秋柳为寄托，抒发了诗人对时光流逝、物是人非的感慨。

其四："桃根桃叶镇相怜，眺尽平芜欲化烟。秋色向人犹旖旎，春闺曾与致缠绵。新愁帝子悲今日，旧事公孙忆往年。记否青门珠络鼓，松枝相映夕阳边。"这首诗通过描绘秋柳的景象，抒发了诗人对时光流逝、物是人非的感慨，以及对往昔美好时光的怀念。首联"桃根桃叶镇相怜，眺尽平芜欲化烟"借用"桃根""桃叶"的典故，暗指女子的美丽与哀愁。诗人远眺原野，只见草木荒芜，仿佛要化作一片云烟。这里以"平芜欲化烟"的描绘，渲染出一种凄美而朦胧的氛围。颔联"秋色向人犹旖旎，春闺曾与致缠绵"写秋色虽然凄美，但依然旖旎动人。诗人回想起春天时，曾与心爱的人在闺中缠绵悱恻，共度美好时光。这里的"秋色"与"春闺"形成对比，既表达了诗人对秋色的喜爱，也透露出对往昔爱情的怀念。颈联"新愁帝子悲今日，旧事公孙忆往年"中的"帝子"和"公孙"都是指历史上的贵族人物，这里诗人借以表达自己对于时局变迁的感慨。他感叹今日的忧愁如同"帝子"一般沉重，而往日的欢乐也如同"王孙"一般遥不可及。这里的"新愁"与"旧事"形成对比，表达了诗人对于时光流逝、人事变迁的无奈和感慨。尾联"记否青门珠络鼓，松枝相映夕阳边"中的"青门"是汉长安城的东南门，这里借指京城。"珠络鼓"则是一种装饰华丽的鼓，这里暗指繁华盛景。诗人回忆起昔日京城中的繁华景象，那时珠络鼓声震天，松枝与夕阳相映生辉。然而如今这些都已经成为过去，只留下了无尽的回忆和感慨。这里的"记否"一词，表达了诗人对于往昔美好时光的怀念和追忆。全诗以秋柳为寄托，表达了诗人对时光流逝、物是人非的感慨以及对往昔美好时光的怀念。

2. 王士祯与蒲松龄

王士祯另一可称道的事情，是对蒲松龄的赏识。蒲松龄写作《聊斋志异》时，并不为外人所知。清康熙二十六年（1687）春，王士祯到淄博王村镇西铺村毕家走亲戚，结识了在毕家当塾师的蒲松龄，经毕家介绍，蒲松龄将书稿交王审阅，王士祯观后十分欣赏，写下了《戏题蒲生〈聊斋志异〉卷后》："姑妄言之姑听之，豆棚瓜架雨如丝。料应厌作人间语，爱听秋坟鬼唱诗。"这是有关《聊斋志异》的第一首诗。蒲松龄以原韵奉和，写了《次韵答王司寇阮亭先生见赠》："志异书成共笑之，布袍萧索鬓如丝。十年颇得黄州意，冷雨寒灯夜话时。"两人成为挚友后，王士祯每有新作，都不忘送给蒲松龄，蒲松龄的《聊斋志异》也因为王士祯的大力推荐而在京城士大夫阶层迅速传播。

第三章　山东省图书馆尼山书院创新
文旅可行性

一、文献资源优势

图书馆在文旅融合的大背景下具有独特的文献资源优势，可以为游客提供更加丰富、深入的旅游体验，同时也可以促进图书馆的发展和文化的传承。

（一）文献资源的特点

1. 丰富性和多样性

山东省图书馆收藏了大量的文献资源，包括书籍、期刊、报纸、照片、手稿等。这些文献资源涵盖了各个领域和学科。此外，山东省图书馆还收藏了大量的地方文献和特色文献，如地方史志、地方文化、民俗风情等，反映了当地的历史与文化。游客可以通过研读这些文献，深入了解当地的传统、风俗和历史事件。这种对历史与文化的深度探索，有助于游客更好地理解和欣赏当地的文化遗产，丰富旅游的体验与收获。这些文献资源为文化旅游的发展提供了丰富的素材。

2. 权威性和可靠性

山东省图书馆收藏的文献资源经过了严格的筛选和审核，具有较高的权威性和可靠性。这些文献资源经过专业人员的整理和编目，具有较高的学术价值和参考价值。此外，山东省图书馆还藏有大量的珍贵古籍文献，这些文献资源是人类文明的重要遗产，具有极高的历史价值和文化价值。

3. 公共性和开放性

山东省图书馆是一个公共文化机构，其收藏的文献资源是面向社会公众开放的。任何人都可以通过办理借阅证或参观图书馆等方式，获取山东省图书馆收藏的文献资源。

（二）挖掘文旅文献资源的意义

1. 提升文化旅游的内涵和品质

山东省图书馆挖掘文旅文献资源，可以为文化旅游的发展提供更加丰富和多样的文化依据和旅游体验。通过对山东省图书馆收藏的文献资源进行深度挖掘和整理，可以开发出具有地方特色和文化内涵的旅游产品和旅游线路，如文化主题旅游、历史文化旅游、民俗风情旅游等。这些旅游产品和旅游线路可以吸引更多的游客前来参观和体验，提升文化旅游的内涵和品质。

2. 促进文化旅游的融合和发展

山东省图书馆挖掘文旅文献资源，可以促进文化旅游的融合和发展。通过对山东省图书馆收藏的文献资源进行数字化和网络化建设，可以将图书馆的文献资源与旅游产业进行深度融合，如开发在线旅游产品、建设数字图书馆等。这些融合措施可以提高文化旅游的信息化水平和智能化水平，促进文化与旅游的融合和发展。

3. 增强文化旅游的竞争力和吸引力

山东省图书馆挖掘文旅文献资源，可以增强文化旅游的竞争力和吸引力。通过对山东省图书馆收藏的文献资源进行创新和利用，可以开发出具有独特性和创新性的旅游产品和旅游线路，如创意文化旅游、体验式文化旅游等。这些旅游产品和旅游线路可以吸引更多的游客前来参观和体验，增强竞争力和吸引力。

4. 地理位置优势

位于大明湖路上的山东省图书馆尼山书院承载着丰富的历史与文化价值，见证了城市的发展与变迁。与其相邻的还有府学文庙、曲水亭街、黑虎泉、趵突泉等旅游景点和泉城路商业圈，具有自然地理优势和经济地理优势。

5. 城市中心的文化地标

山东省图书馆尼山书院位于老城区的核心地带，是城市文化的标志性建筑之一。其地理位置的优越性不仅方便了市民与游客的到访，更提升了图书馆的知名度与影响力。

位于城市中心的图书馆，还能够与周边其他文化机构、泉城路商业中心以及旅游景点相互呼应，形成文化旅游的集聚效应。游客在参观图书馆的同时，还可以顺带游览周边的艺术展览、购物中心等，丰富旅游体验。这种集聚效应不仅延长了游客的停留时间，增加了消费，还有效促进了不同文化机构之间的合作与交流。

6. 交通便利的优势

山东省图书馆尼山书院所处的地理位置交通便捷，毗邻公共交通站点和城区主要道路。这为游客提供了极大的便利，使他们能够轻松利用公共交通工具抵达图书馆，减少了交通成本与时间。其交通便利的地理优势还体现在与其他旅游景点之间的紧密连接上。游客可以通过便捷的交通网络，轻松规划旅游线路，顺畅地前往各个景点，比如，其与百花洲、大明湖、趵突泉等古迹、自然风光景点相邻，游客在参观完图书馆后，可继续前往这些景点，充分利用时间和资源，享受丰富多彩的旅行。

7. 地理信息资源

山东省图书馆尼山书院位于城市的中心位置，具有丰富的地理信息资源。

这些资源包括地图、旅游指南、地理文献等，可以为游客提供详细的地理信息和旅游建议。通过与地理信息系统的结合，可以为游客提供更加个性化的旅游路线规划和导航服务。

8. 与自然环境的融合

山东省图书馆尼山书院坐落于大明湖风景区内，这种与大自然的完美融合，为游客带来了独一无二的阅读与学习体验，以及舒适宜人的阅读环境，同时也增强了图书馆的吸引力。在这里，游客可以沉浸于大明湖的宁静与美丽中，放松身心，尽情享受阅读的愉悦。

9. 官方平台优势

在文旅融合的背景下，山东省图书馆作为文化资源的重要载体，拥有独特的官方平台优势。这些优势不仅为图书馆自身的发展提供了新的机遇，也为文化旅游的创新与推广注入了新的活力。图书馆文旅官方平台具有资源整合、服务创新、品牌建设和数据分析等多方面的优势。这些优势不仅为图书馆的发展带来了新的机遇，也为文化旅游的创新与推广提供了新的思路和方法。在文旅融合的发展中，图书馆充分发挥这些优势，不断探索和创新，为文旅融合的发展做出更大的贡献。

二、资源整合优势

（一）提升新质创造力，利用文献资源进行双创转化

山东省图书馆拥有丰富的文献资源，包括图书、期刊、报纸、档案、音像资料等。这些资源涵盖了历史、文化、艺术、科学等各个领域，为文旅融合提供了坚实的知识基础。通过数字化技术，图书馆可以将这些文献资源进

行整合和加工，为游客提供更加便捷的查询和阅读服务。

（二）文化活动资源

山东省图书馆尼山书院经常举办各种文化活动，如讲座、展览、演出、非遗工作坊等。这些活动不仅丰富了图书馆的文化内涵，也为游客提供了参与文化体验的机会。通过官方平台，图书馆可以将这些文化活动进行整合和推广，吸引更多的游客参与。

三、服务创新优势

（一）个性化服务

山东省图书馆文旅官方平台可以根据游客的兴趣、需求和行为，提供个性化的服务。例如，通过游客的借阅记录和浏览历史，为其推荐相关的图书、展览和活动；通过地理位置信息，为其提供周边的旅游景点和美食推荐。这种个性化服务可以提高游客的满意度和忠诚度。

（二）互动体验服务

山东省图书馆文旅官方平台可以通过虚拟现实、增强现实等技术，为游客提供互动体验服务。例如，通过虚拟现实技术，游客可以身临其境地参观历史古迹和文化遗址；通过增强现实技术，游客可以在现实场景中看到虚拟的文化元素和信息。这种互动体验服务可以增加游客的参与感和趣味性。

（三）社交化服务

山东省图书馆文旅官方平台可以通过社交媒体、在线社区等方式，为游客提供社交化服务。例如，游客可以在平台上分享自己的旅游经历和感受，与其他游客进行交流和互动；图书馆可以通过在线社区组织各种文化活动和话题讨论，促进游客之间的交流和合作。这种社交化服务可以增加游客的参与度和社交体验。

四、品牌建设优势

（一）文化品牌

山东省图书馆作为文化机构，具有较高的文化品牌价值。通过文旅融合，可以将自己的文化品牌与旅游品牌相结合，打造具有特色的文旅品牌。例如，以山东省图书馆尼山书院为主题的文化旅游线路、以尼山书院为背景的文化活动等，都可以提升图书馆的品牌知名度和影响力。

（二）服务品牌

山东省图书馆文旅官方平台可以通过提供优质的服务，打造良好的服务品牌。例如，通过快速响应游客的咨询和投诉、提供专业的文化讲解和导览服务、保障游客的信息安全等方式，提高游客的满意度和信任度。这种服务品牌可以为图书馆带来良好的口碑和声誉。

（三）创新品牌

山东省图书馆文旅官方平台可以通过不断创新和尝试，打造具有创新精神的品牌形象。例如，通过开展新颖的文化活动、推出独特的文创产品、运用先进的技术手段等方式，展现图书馆的创新能力和活力。这种创新品牌可以吸引更多的年轻游客和创新群体，为图书馆的发展带来新的机遇。

五、数据分析优势

（一）游客行为分析

　　山东省图书馆文旅官方平台可以通过收集和分析游客的行为数据，了解游客的兴趣、需求和行为习惯。例如，通过分析游客的借阅记录、浏览历史、参与活动等数据，了解游客的文化偏好和旅游需求；通过分析游客的地理位置信息、时间信息等数据，了解游客的出行规律和行为模式。这种游客行为分析可以为图书馆的服务创新和资源优化提供依据。

（二）市场趋势分析

　　山东省图书馆文旅官方平台可以通过收集和分析市场数据，了解文旅市场的发展趋势和竞争态势。例如，通过分析旅游行业的政策法规、市场规模、用户需求等数据，了解文旅市场的发展趋势和政策导向；通过分析竞争对手的产品和服务、市场份额、用户评价等数据，了解市场竞争态势和自身优势劣势。这种市场趋势分析可以为图书馆的战略规划和产品设计提供参考。

（三）文化资源分析

　　山东省图书馆文旅官方平台可以通过收集和分析文化资源数据，了解文化资源的分布和利用情况。例如，通过分析图书馆的文献资源、地理信息资源、文化活动资源等数据，了解文化资源的类型、数量和分布情况；通过分析游客对文化资源的需求和利用情况，了解文化资源的利用效率和价值。这种文化资源分析可以为图书馆的资源整合和服务创新提供方向。

第四章　明湖诗旅的成果

　　明湖诗旅是在国家文旅深入融合的大背景下，经过图书馆、旅行社、研学机构、讲座老师等多方调研，精心策划实施的一个集历史、名士、景观、爱国和人文为一体的文旅项目。

　　项目依托的大明湖是济南三大名胜之一，具有代表性的山水景色、亭台楼榭、人文历史和趣闻逸事，针对不同群体展开主题性的，以诗词为主线的研学活动。

一、明湖历史

　　如今大明湖所在水域，在北魏郦道元《水经注》卷八《济水二》中记载为"历水陂"，这一名称一直沿用到北宋初期。北宋著名文学家曾巩任齐州（今济南）知州时，为疏通水道修筑了贯通南北的百花堤，将湖水分隔为东西两部分，西面的部分称为"西湖"，也就是 2007 年大明湖未扩建以前的水域。这种叫法在北宋诗人笔下十分常见，到清代仍有人使用。此外，古人（特别是清代的文人）常以"莲子湖"来代称大明湖，清代著名词人朱彝尊《题历下亭》中"泛舟莲子湖，眺北极台"和张贞《夜泛莲子湖记》一文中所指，皆为大明湖。最早将这片水域称为"大明湖"并载入史册的是元代著名文学家元好问。在《济南行记》这一散文名篇中，元好问首次将历来被古人称为"历水陂"的这片水域称为"大明湖"。他在文中记述道："水西亭之下，湖曰大明，其源出于舜泉，其大占府城三之一，秋荷方盛，红绿如绣，令人渺然有吴儿洲渚之想。"自此之后，"大明湖"这一称谓一直沿用至今。

二、明湖诗旅宣传通稿

等风来，不如追风去！风景在路上，研学促成长。作为"诗词里的山东公益课堂"的延伸，山东省图书馆尼山书院以诗词为线索，以景观为载体，推出"明湖诗旅"研学游，从取名自《诗经》的"遐园"为起点，沿着诗词的旅途，串起大明湖畔的历下亭、南丰祠、超然楼等景点，带领读者进行一场穿越古今的"雅游"之旅。同时，尼山书院的省级非遗项目"雕版印刷技艺"传人采用传统工艺，为每一位参与的读者手工制作了限量版的精美 "雅游"手札，记录这一段湖畔时光。让"诗"和"远方"融合为一体，在诗旅中遇见更好的自己。明湖诗旅经过半年多的精心策划，在2023年7月开始正式启动。

三、明湖诗旅现状

2023年7月31日参加"2023台湾青年山东文化大探索"活动的二十五名台湾地区大学生，成为明湖诗旅的首批人员。山东省优秀导游朱晓宽以"遐园"之"遐"出自《诗经·小雅·白驹》"毋金玉尔音，而有遐心"开启了明湖诗词之旅。到现在为止，已接待中小学生、诗词爱好者、单位成年人、港台团体等各种团体十几个，直接服务人员近四百人次。受到组织者、参与者的高度评价。

四、明湖诗旅学术及评选情况

以明湖诗旅为基础，2023年申报了题目为"'两创'视域下齐鲁诗词文化助推研学游发展的实践性研究"的山东省文化和旅游厅的课题，并且成功立项。

　　"明湖诗旅"研学活动 2023 年上半年策划，下半年开始实施，到年底成功入选了 2023 年山东省文化和旅游厅公布的"2023 年全省高品质旅游产品名单"。

五、明湖诗旅延伸情况

　　明湖诗旅的延伸情况在"创造性转化和创新性发展"的指引下，开拓思路，整合资源，积极创新，转化形式，取得了不错效果。

（一）"明湖诗旅，汉服习射"活动

　　尼山书院在 2023 年 11 月 11 日结合明湖诗旅、汉服文化和传统礼射，组织"明湖诗旅，汉服习射"活动，大众日报官方账号进行了报道："为弘扬优秀传统文化，将文化和旅游深入融合，尼山书院将举行'明湖诗旅，汉服习射'活动，把汉服文化、礼射文化与诗词游园相结合，展现中华优秀传统文化的独特魅力。"

1. 明湖诗旅

　　明湖诗旅是由专业的诗词导游，带领大家进行明湖深度游，主要讲解遐园、"奎虚书藏"楼、历下亭、铁公祠、北极庙、南丰祠和超然楼等景点。

2. 汉服习射

　　汉服和礼射都是我们传统文化的重要组成部分，华夏就是因"服章之美为华，礼仪之大为夏"而得名。"礼射"为儒家六艺之一，是华夏先民寓德于射、寓礼于射、寓教于射的珍贵人文实践成果。礼射讲究内志正，外体直，安详大雅；未曾习射，先习礼；不求急中，先求合法；反求诸己，正射必中。

　　汉服习射分为礼射体验、君子之争和趣味射箭三部分，只要您身着汉服，无论形制和时代，都可以在射圃老师的指导下感受君子之射的魅力。

为契合"弘扬传统文化，促进文旅融合"主题，本次活动要求必须着汉服（不限款式和时代）。为游园安全，要求参加活动者，必须为 16 周岁以上。汉服习射活动，需持有明湖诗旅"雅游"手札方可参加。

（二）尼山书院国乐演出暨传统游园会

2023 年 12 月 30 日，尼山书院结合国乐与游园组织了"尼山书院国乐演出暨传统游园会"。

1. 国乐演出

尼山书院国乐演出，用传统经典的音乐、熟悉的旋律，营造纯净高雅的国乐艺术氛围，与大家共同迎接新年的到来。

山东尼山书院国乐团，是由十余位国家一级演奏员，省属高校教授、客座教授、硕导等资深演奏家和学者志愿组成的公益演出团队。乐团成立九年来，高举公益旗帜，弘扬志愿精神，广聚艺术人才，坚持惠民演出，长期坚持在尼山书院国学讲堂进行公益演出，吸引了大批忠实观众，成为大明湖畔一道亮丽的文化风景线。国乐团的迎新年演出是传统的重要演出之一，已经连续演出近十年，以国乐迎新年，以经典继传统，今年又赋予了专场活动新的内涵，精心准备了《孔府礼乐》《百鸟朝凤》《花好月圆》等曲目。

2. 传统游园

遐园为山东省图书馆初创之地，是一座馆园结合的传统古典庭院，创建初期即负盛名，有"南阁（天一阁）北园（遐园）"之美誉。园内假山鳞次，溪水潆绕，旧有读书堂、宏雅堂、海岳楼、明漪舫、博艺室、汉画室、罗泉堂等建筑错落园中，小溪虹桥卧波，浓荫通幽径，修竹摇荷风。新年到来之际，尼山书院依托遐园古风雅意，举办"明湖诗旅之相约遐园"传统游园活动。

（三）明湖诗旅文创

　　明湖诗旅文创是以传统文化为元素，利用传统表达方式和现代审美观念结合，研发了适合研学消费的商品。研学是"旅游＋教育"的产物，而研学文创产品就是研学旅游和主题教育相结合的产物。优秀的文创产品可以使研学体验更加具体化，成为研学旅游的美好回忆。每当看到它就能回味起当时的情景，激发记忆和情感。"明湖诗旅"研学的文创产品是集非遗、手工、限量、收藏为一体的一款艺术品，名曰"明湖诗旅雅游集"。

　　"雅游集"采用省级非物质文化遗产雕版印刷术制作而成。明代学者胡应麟在《少室山房笔丛》中称："雕本肇始于隋，行于唐世，扩于五代，精于宋人。"在中国的四大发明中，有两项即造纸术和印刷术与雕版印刷术直接相关，是中华民族优秀传统文化的主要传播手段，也是儒、释、道等文化的重要载体。这本"雅游集"无论雕刻、印刷还是粘贴、装订全部是由手工完成，真正做到了纯手工。因刷版对木版有一定的损伤，不可能无限次地使用，所以"雅游集"的生产量只有几百本，具有较高的收藏价值。

　　"雅游集"的内容分为三个部分。第一部分雕刻的是"癸卯年仲夏山东省图书馆皇华馆刊行限定五百部此为第'××'部"，相当于对这本"雅游集"进行了编号；第二部分是重点，雕刻的是"'奎虚书藏'和海纳书藏'毋金玉尔音，而有遐心'（《诗经·小雅·白驹》）""历下亭和名士风流'海右此亭古，济南名士多'（唐代杜甫《陪李北海宴历下亭》）""南丰祠和湖光山色'湖面平随苇岸长，碧天垂影入清光'（宋代曾巩《西湖二首》）""超然楼和游于物外'试上超然台上望，半壕春水一城花。诗酒趁年华。'（宋代苏轼《望江南·超然台作》）"；第三部分雕刻的是"诗词里的山东"系列讲座二维码，可以通过扫描二维码观看"诗词里的山东"系列现场讲座，为明湖诗旅研学提供了视频文献支持。

六、各美其美，美美与共，精彩纷呈的明湖诗旅

　　明湖诗旅研学活动从沿湖的分布看，有八个具有主题特色的站点，这八个站点基本上涵括了研学所涉及的各种因素。明湖诗旅就像是"菜单"，每个站点就像是"菜单"上精心准备的"菜品"。参与者可以根据需求、主题、特点等因素，选择适合的线路，品尝喜欢的"菜品"。下面抛砖引玉，用爱国、课本和名士为主题，为大家策划设计了三条线路，供参考。也可以根据明湖新、老八景，进行一次观景之旅。

"奎虚书藏"楼

（一）披肝沥胆——感受伟大爱国主义精神

培养爱国主义精神，可以激发人们的爱国热情和民族自豪感，促进民族团结和社会进步。所以"明湖诗旅"精心设计了"'奎虚书藏'楼→辛稼轩纪念祠→西南门毛泽东诗词碑→铁公祠→济南战役国民党守军临时指挥部旧址→藕神祠"这条弘扬爱国主义精神的线路，让研学者感受历史上爱国英雄们力图恢复国家统一的伟大爱国主义情怀。

毛泽东《采桑子·重阳》

景点	讲解点/诗词	感悟
"奎虚书藏"楼	侵华日军山东战区签降地点、"我武维扬"匾额	抗日战士视死如归、血战到底的英雄事迹和胜利后扬我国威气概。
辛稼轩纪念祠	《永遇乐·京口北固亭怀古》	跟随辛弃疾雄伟奔放的诗词，感受他报效国家、收复失地的豪迈情怀、词作风格和人格魅力。

（续表）

景点	讲解点/诗词	感悟
毛泽东诗词碑	《采桑子·重阳》	从此诗壮阔绚丽的诗境中感受昂扬振奋的豪情，唤起人们为理想而奋斗的英雄气概和高尚情操。
铁公祠	《咏大明湖》《老残游记》	忠义不屈、临危无惧，为国为民的慷慨气概。
济南战役国民党守军临时指挥部旧址	济南战役、《浣溪沙》	人民解放军团结协作、英勇作战、不怕牺牲的战斗意志。
藕神祠	《如梦令·昨夜雨疏风骤》《如梦令·常记溪亭日暮》	以女性特有的沉挚情感，展示出一种婉约之美，格调清新，意境幽美以及所向无惧的人生姿态。

辛稼轩纪念祠

这些关于人生与战场的诗词，写出了英雄们对国家的热爱，对理想的信仰，展现了特有的豪气与骨气，深深烙印着中华民族的韧性与本质。读着这样的文字，油然而生的不仅是对齐鲁英豪的深深敬意，更是对中华民族精神的深刻认同与自豪。

（二）沉浸式文化之旅——穿越千年，对话古代名家

　　因"明湖诗旅"研学的内容和线路都是围绕济南大明湖而设计的，所以济南市范围内的中小学生是"明湖诗旅"研学活动的主要针对人群。"明湖诗旅"研学经过对中小学课本里诗词的深入分析，再根据明湖相关诗词，将中小学学生分为小学和初中两个组别，设计了"遐园（景色）→历下亭岛（故事）→铁公祠（爱国）→南丰祠（人物）→超然楼（建筑）"的研学路线。在研学中进行书本里的诗词与明湖诗词的对比学习，体验诗词的内涵与意境。

地点	主题	诗词对比	共同感悟
遐园	景色	小学组：《望洞庭》《枫桥夜泊》 初中组：《夜雨寄北》《钱塘湖春行》 明湖诗旅：《诗经·小雅·白驹》	描写景色的诗词会让人心驰神往。它让我们在欣赏美景的同时，还能感受到诗人的情感与心境，引发我们深深的共鸣和感悟。
历下亭	故事	小学组：《寻隐者不遇》《黄鹤楼送孟浩然之广陵》 初中组：《江南逢李龟年》《木兰诗》 明湖诗旅：《陪李北海宴历下亭》	描写故事的诗词会让人感受人类情感的丰富与复杂。教会我们要珍惜当下。故事诗词是心灵的食粮，它们让我们感受到了人类情感的伟大与美好。
铁公祠	爱国	小学组：《望春》《凉州词》 初中组：《沁园春·雪》 明湖诗旅：《沧浪仙馆》《铁公颂》	爱国诗词中充满了对祖国的热爱与赞美，它们让我们更加深刻地认识到祖国的伟大与美好。

（续表）

地点	主题	诗词对比	共同感悟
南丰祠	人物	小学组：《赠汪伦》《回乡偶书》 初中组：《咏岳飞》《卖油翁》 明湖诗旅：《西湖二首其一》	描写人物的诗词通过精练的语言，勾勒出人物的形象与性格，从中吸取更多的智慧与感悟。
超然楼	建筑	小学组：《登鹳雀楼》《滕王阁诗》 初中组：《黄鹤楼》《岳阳楼记》 明湖诗旅：《望江南·超然台作》	描写建筑的诗词是通过那些宏伟壮观的古代建筑，感受它们的历史韵味与文化底蕴。同时对现代人保护和传承那些具有历史价值的建筑提出了要求。

　　通过不同场景，不同主题，不同类型诗词的解读，可以让中小学生亲身感受到课本里诗词所描写的景色与事物。对中小学生的诗词鉴赏能力和对诗词文化的兴趣感都有很大提高，对增长中小学生诗词知识的储备也十分有好处。

超然楼

（三）海右此亭古，济南名士多

　　"济南名士"研学路线最大的特点是非固定性，这与前面的两条固定路线有所不同，路线是研学者根据自己喜好设计规划。具体路线为沿大明湖选出超然楼、藕神祠、南丰祠、济南战役国民党守军临时指挥部旧址、铁公祠、历下亭岛、稼轩祠、晏公庙、"老舍与济南"陈列馆、秋柳园十处与济南名士有关的景点，并配以相关介绍和诗词，由研学者自行选择。

景点	人物	介绍	诗词
超然楼	李洞	"江北第一楼" "超然致远"	蒲松龄《僦居湖楼》 杨衍嗣《超然楼》 任宏远《超然楼》
藕神祠	李清照	"千古第一才女"	《如梦令》 《夏日绝句》
南丰祠	曾巩	"汇波晚照" "明昌晨钟" "曾堤萦水"	《郡斋即事》 《西湖纳凉》
铁公祠	铁铉	"浩气长存" "沧浪荷韵" "佛山倒影"	刘凤诰"四面荷花三面柳，一城山色半城湖"、王士禛《大明湖铁公祠联》、朱用纯《忆江南·济南好，忠烈铁公祠》
历下亭岛	杜甫	"历亭秋风" "历亭千秋"	杜甫《陪李北海宴历下亭》
稼轩祠	辛弃疾	"稼轩悠韵" "义胆忠魂" 毛泽东与辛词	辛弃疾最出名十首诗词有《破阵子·为陈同甫赋壮词以寄之》《青玉案·元夕》《西江月·夜行黄沙道中》《西江月·一柱中擎远碧》《西江月·剩欲读书已懒》《西江月·千丈悬崖削翠》《南乡子·登京口北固亭有怀》《鹧鸪天·欲上高楼去避愁》《鹧鸪天·送人》《清平乐·村居》

（续表）

景点	人物	介绍	诗词
晏公庙	晏婴	"齐天贤相"	洪亮吉《双船行》
"老舍与济南"陈列馆	老舍	老舍与济南	《济南的冬天》《济南的秋天》
秋柳园	王士祯	"秋柳含烟"	《秋柳四首》《秋柳园记》

　　济南名士为"明湖诗旅"研学提供了丰富的素材，也为不同年龄段的参与者提供了了解济南历史，传承榜样精神，提高传统文化认知的机会，促进了研学旅游的发展。

（四）明湖十六景

　　明湖十六景是由明湖老八景与新八景组合而成。老八景指的是特定地点呈现出来的美丽景色，新八景除了景色，侧重于一个区域的整体壮丽景观，覆盖范围更大，更能体现明湖特色。

　　大明湖有 1500 年的悠久历史。历代文人墨客对明湖景色总结了八种有代表性的景色，包括佛山倒影、丹坊耀日、汇波晚照、明湖秋月、柳岸春深、历亭秋风、画船烟波和沧浪荷韵。每一处都承载着深厚的历史文化，展现了大明湖独特的自然风光和人文魅力。2007 年大明湖全面改造后，2009 年又评选出鸟啼绿荫、七桥风月、秋柳含烟、曾堤萦水、竹港清风、稼轩悠韵、明昌晨钟、超然致远明湖八大景观，称为"明湖新八景"。在"明湖诗旅"研学过程中，把明湖新八景和老八景进行了完美的融入。在建筑风格、爱国精神、自然景色、英雄事迹、人文内涵等方面展开不同线路的研学活动，在这个过程中不仅可以丰富研学内容，还可以提高对济南、对大明湖的认识。